PIÉGES ET CHARLATANISME

DES DEUX SECTES

SAINT-SIMON ET OWEN,

QUI PROMETTENT

L'ASSOCIATION ET LE PROGRÈS.

Moyen d'organiser en deux mois le Progrès réel, la vraie Association, ou combinaison des travaux agricoles et domestiques, donnant quadruple produit, et élevant à 25 milliards le revenu de la France, borné aujourd'hui à 6 milliards un tiers.

> Ce sont des aveugles qui conduisent des aveugles.   ÉVANGILE.

PAR CH. FOURIER.

PARIS,

Chez { BOSSANGE PÈRE, RUE DE RICHELIEU, N° 60 ;
        L'AUTEUR, RUE DE RICHELIEU, N° 45 BIS.

1831.

ÉNIGME DU MÉGANISME SOCIÉTAIRE.

L'esprit d'association, les progrès de l'association!!! tel est aujourd'hui le refrain de tous les sophistes.

S'ils connaissent l'art d'associer, qu'attendent-ils de l'appliquer à la fonction primordiale, au travail agricole et domestique, dont le produit deviendrait quadruple en régime sociétaire (voir nota, p. 24), et décuple selon des calculs plus certains (16, 17 et 18)? A quoi s'occupe donc le monde savant, s'il néglige toute recherche sur la plus importante des sciences? à quoi s'occupe le monde industriel, s'il ne somme pas les savans de procéder à cette étude, toute affaire cessante?

Nul concours n'a été ouvert sur ce sujet; on dit, pour excuse: M. Owen avait promis d'associer des masses; il a fait des essais, *en longues séances*, il a échoué, donc c'est impossible: au reste la secte S.-Simon promet d'associer.

Piéges que tout cela! les intrigans philosophiques ayant reconnu que l'association agricole est vœu et besoin du siècle, fabriquent, sur ce sujet, cent systèmes impraticables, un labyrinthe de controverse, un piége de mots, pour nous distraire de la chose. En supposant que parmi leurs associations politiques il y en ait d'utiles, elles n'ont pas moins le tort de donner le change sur le problème d'associer les cultures et ménages: puis le public, étourdi par une cohue d'associations politiques, pense que tout est dit sur cette matière.

Pour la traiter à fond, il eût fallu spéculer sur l'opposé de nos méthodes, sur les COURTES SÉANCES en réunions nombreuses; déterminer quels changemens ce nouveau ressort opérerait dans les 4 fonctions agricole, domestique, manufacturière et commerciale; comment elles s'élèveraient du mode mensonger, répugnant et morcelé, au mode combiné, attrayant et véridique, par le facile emploi des courtes séances auxquelles on n'a jamais songé, quoique ce calcul fût à portée de tout le monde: c'est la plus déplorable des inadvertances.

On ignore que pour associer en culture, il faut savoir créer l'industrie attrayante. M. Laisné de Villevesque se plaint que ses colons du Guazacoalco se mutinent, refusent le travail, préfèrent la chasse. Que M. L. de V. essaie l'industrie attrayante,

PIÉGES ET CHARLATANISME

DES DEUX SECTES

SAINT-SIMON ET OWEN,

QUI PROMETTENT

L'ASSOCIATION ET LE PROGRÈS.

DEVISES.

L'homme de génie est toujours méconnu, quand il devance son siècle dans quelque genre que ce soit.   ARAGO.

Bacon dont le génie prophétique se fit contemporain du dix-huitième siècle, Bacon qui avait ouvert un trésor inépuisable de vérités, eut le tort de prendre un vol trop élevé, et de planer à une si grande hauteur sur les hommes et les idées de son temps, qu'il n'exerça sur eux aucune influence.   JOUY.

Le dernier des crimes qu'on pardonne, est celui d'annoncer des vérités nouvelles.   THOMAS.

Toujours les grands réformateurs dans l'ordre de la pensée ont vu traiter de rêveries leurs puissantes conceptions; et la vérité proscrite, opprimée, abreuvée de poisons, à recueilli pour tout hommage, l'injure et la risée : condamnée comme le crime, elle a été insultée comme la folie.   KANT.

TABLE DES MATIÈRES.

Préambule sur le ressort sociétaire.	iij
Exposé sur le faux progrès.	1
Art. I. Association intégrale.	11
Art. II. Progrès réel, son échelle.	24
Art. III. Résumé sur les astuces des deux sectes. . . .	47
Proposition d'une société de progrès réel.	66

PRÉAMBULE.

L'art d'associer repose sur l'emploi des courtes séances en travaux agricoles et domestiques ; sur l'économie, l'émulation, les liens affectueux qu'elles y font naître : au lieu de cet art, quelles jongleries nous donnent les Owen, les S.-Simon ?

Est-il de comédie plus bizarre que celle d'une coterie de prédicans se disant apôtres et révélateurs d'un nouveau dieu du progrès, d'un dieu qu'ils associent à Jésus et Moïse fort étonnés de se trouver en pareil trio.

Ladite secte, au nom de son dieu, se crée des fonctions de papes, cardinaux, évêques et curés d'un schisme tendant à établir le plus obscurant des gouvernemens, la THÉOCRATIE, *et à ressusciter le plus odieux des droits féodaux, la* MAIN-MORTE *généralisée, même en ligne directe.*

De par ce nouveau dieu, la secte dans un transport d'amour et de sympathie somme les Parisiens de lui livrer leur fortune, hoirie ou patrimoine, peu importe ; elle prend tout indistinctement, et elle accorde une petite pension viagère à tout bénin disciple, à tout badaud qui lui a remis sa fortune. Les s.-simoniens appellent cela ORGANISER ; *oui, leur bourse.*

En outre ils veulent s'emparer du gouvernement et des finances, diriger les rois et les peuples, former un conseil superposé aux ministres. Ils offrent aux savans, une part au gâteau, dans cette cupide association.

On pourrait dire avec Boileau : Où donc se joue cette comédie ? Est-ce chez les Hurons, chez les Topinambous ? Non, c'est à Paris ; on y voit de vrais badauds courir à cette école, y étudier pendant un an le bel art de devenir main-mortables, et de donner sa fortune à de nouveaux prêtres, art que tout clerc de notaire leur enseignerait en quelques minutes.

C'était bien la peine de tant révolutionner et déclamer contre les superstitions pour y en substituer de plus choquantes ! des lubies ascétiques, des caricatures de prophétie ; comme celle-ci : Terre, réjouis-toi, S.-Simon a paru.

On voit souvent paraître de ces thaumaturges affublés de philantropie, comme Lareveillère-Lépeaux: après lui est venu Rob-Owen, régénérateur accompli, détruisant la propriété, les religions et le mariage; aujourd'hui, voici venir S.-Simon, foudre de philanthropie, d'amour et de sympathie, oracle de l'avenir et des destins : écoutons ses interprètes.

« S.-Simon fut témoin du spectacle affreux des maux des nations; son cœur fut profondément déchiré; sa moelle tressaillit dans ses os, ses nerfs se roidirent comme la corde d'un arc. Aussitôt, de ses mains, il éleva au-dessus du palais de l'avenir, un phare large et éclatant, comme un astre vaste et radieux; les nations saluèrent sa lumineuse apparition de mille clameurs d'enthousiasme, elles le nommèrent le phare du progrès » (*et pourtant S.-Simon ignorait l'échelle du progrès; par périodes (ici, 34), et par phases (ici, 37 et 40).*

« Les nations s'embrassèrent les unes les autres, elles s'élancèrent à grands pas vers l'édifice de l'association universelle; et la poitrine de S.-Simon se gonfla d'amour; il redressa sa tête radieuse, il glorifia le saint nom de Dieu, il se glorifia lui-même; libéraux, entendez la parole divine, le droit des nations, c'est l'association universelle. » (*Extrait de l'organisateur du 9 octobre 1830.*)

Remarquons que ces charlatans en associations ne savent pas comment on s'y prend pour associer, et n'osent pas faire un essai sur un millier de cultivateurs; ils craignent le sort d'Owen qui a échoué honteusement.

Et c'est avec ces tirades ampoulées qu'on obtient l'héritage des crédules Parisiens! moi qui ne vise pas à leurs hoiries, je prendrai un ton moins boursouflé, moins gonflé d'amour, pour appeler leur attention sur les moyens d'atteindre au progrès réel, au régime sociétaire donnant quadruple produit, et d'opérer ce progrès sans recourir à aucun nouveau dieu, mais seulement au sens commun qui nous indiquera les règles du mécanisme sociétaire, diamétralement opposées aux superstitions philantropiques des prédicans Owen et S.-Simon. Cette méthode, une fois essayée sur une petite réunion de six cents, s'établira à l'instant partout le globe. La double amorce d'énorme richesse et industrie attrayante, suffira à persuader tout le monde sans qu'il soit besoin de schisme religieux ni de nouveau dieu, spoliateur des héritages.

Divers écrivains ont projeté des associations universelles applicables à telle science, à telle fonction; mais aucun ne s'était flatté d'opérer l'adhésion des sauvages à la culture, des sauvages et barbares au régime d'unité industrielle, par un mécanisme transformant les travaux en plaisirs. Les sectes Owen et S.-Simon ignorent tellement cet art qu'elles tonnent contre les oisifs; il n'en existerait plus du moment où on saurait créer l'attraction industrielle, ou travail en courtes séances.

J'ai reconnu à divers indices que les s.-simoniens méditent de s'emparer de la théorie d'industrie attrayante ou art d'associer dont je suis l'inventeur. Ils se disent oracles de la destination progressive du genre humain; ils ne peuvent en être qu'oracles plagiaires, car long-temps avant qu'il existât des s.-simoniens, j'avais publié l'échelle des progrès sociaux réservés à notre globe (voir ici, 34), et les résultats futurs de cette découverte, fin de l'indigence, de l'oisiveté, de la guerre, etc., résultats qu'ils amalgament avec leur mission main-mortable et théocratique; c'est une mission de piraterie; ils attendent qu'un incident quelconque, un décès prématuré, les favorise dans le larcin projeté de ma méthode; aussi n'osent-ils pas hasarder un essai de culture sociétaire et attrayante, parce qu'ils seraient obligés d'en puiser le procédé dans mes écrits : et pourtant rien ne peut excuser leurs délais, car ils ont une clientelle décuple du nécessaire.

Les s.-simoniens et owenistes, avec leur masque de philantropie, sont donc d'orgueilleux égoïstes; je leur ai proposé l'exécution de la métamorphose dont ils bercent le crédule dix-neuvième siècle; ils aiment mieux prolonger les souffrances de l'humanité que de partager avec autrui l'honneur de l'élever à sa destinée, à l'industrie combinée et véridique.

Je propose à ce sujet (au dernier article) une société du progrès réel, société qui agirait au lieu de parler; elle ferait le bien que cinquante autres dans Paris se bornent à rêver, faute de moyens. Je démontre ici qu'on n'a aucune notion ni sur l'art d'associer en agriculture, ni sur l'échelle du progrès social; deux sciences neuves sur lesquelles divaguent nos saltimbanques philantropiques ; et qu'on arrivera d'emblée à ces deux buts, si l'on veut faire un petit essai de réunion agricole et domestique en système opposé à toutes les conceptions des owenistes et s.-simoniens.

Owen fatiguait ses sectaires par de longues séances, un travail monotone et uniforme, des austérités monastiques, aller nu-pieds et boire de l'eau ; enfin par la communauté de biens qui anéantit l'émulation. Il faut au contraire gaieté, liberté, variété dans les travaux sociétaires, esprit de propriété croissante, et d'avancement en grades ; enfin bonne chère à tous les repas, et chère différente pour les trois sexes, hommes, femmes et enfans ; elle est très peu coûteuse quand on prépare pour une masse nombreuse, à trois degrés de service.

J'ai tenu sur ce sujet des conférences où l'on a paru goûter les perspectives annoncées, mais répugner à prendre connaissance de la théorie qui peut être enseignée en six leçons. L'amour-propre dédaigne toute lumière apportée par un inconnu sans relief, sans éclat, on juge l'homme et non la science. Je n'aurais pas présumé que des Parisiens qui vont étudier, un an, l'art de donner toute sa fortune à de soi-disant prêtres, s'effrayassent à l'idée de six leçons sur l'art de quadrupler son revenu, même sans capital.

Qu'ils se rassurent ; je peux les dispenser d'un cours en six leçons, les initier à la nouvelle science, par la méthode irrégulière qui m'a réussi à moi-même. J'ai commencé par étudier EN CASSE-COU, en MAROTTE instinctive et algébrique, supposant les difficultés surmontées ; les inconnues déterminées ; ce calcul hardi et brusqué me conduisit en un mois au procédé sociétaire, parce que j'avais osé spéculer sur les séances courtes et variées ; en outre j'avais évité les entraves de la voie philosophique, ne m'occupant ni de gouvernement ni de religion, mais seulement de culture et ménage.

Si j'eusse appelé au secours un philosophe, il m'aurait égaré dans ses routines, la sainte égalité, la charte, la souveraineté du peuple, et autres fadaises ; je n'aurais rien découvert.

Il suffisait donc, pour percer le mystère des destins, que l'esprit humain eût osé s'émanciper des chaînes philosophiques, voler de ses propres ailes, s'engager comme Colomb dans les routes inconnues, aborder les sciences non explorées (ici, 39); et il aurait découvert vingt-cinq siècles plus tôt le nouveau monde sociétaire, le calcul de la destinée progressive, le domaine de l'avenir où l'immobiliste philosophie n'a jamais su pénétrer.

L'avènement au régime sociétaire servira les intérêts de toutes les classes ; DU GOUVERNEMENT, en doublant les impôts et dégrevant de moitié les peuples; DU CLERGÉ, en frappant de ridicule une superstition nouvelle qui ose menacer le catholicisme de dissolution complète; DES PROPRIÉTAIRES, ils échapperont à la fourberie de leurs fermiers et à l'exiguité du produit des domaines; DU PEUPLE, en lui garantissant richesse et plaisirs par l'attraction industrielle; DES LIBÉRAUX surtout qui doivent être bien las de leur ingrate carrière.

Peu importe d'où naîtra la métamorphose sociétaire, puisque tous les partis, toutes les classes, toutes les nations en recueilleront le fruit; mais les libéraux sont, par leur fausse position, plus intéressés que d'autres à un prompt essai. Obstinés à suivre une IDÉE FIXE, un plan de tracasseries administratives et religieuses et de monopole électoral qui outrage les dix-neuf vingtièmes de la population, ils ne recueillent de ce système que des cachots et des échafauds dans les empires absolutistes, et des mystifications en France.

Leur tendance à révolutionner les conduit à quatre écueils : 1° à l'empiètement des hommes du lendemain qui moissonnent là où d'autres ont semé; 2° au règne des démagogues qui, 1793, envoient les libéraux au supplice; 3° au despotisme militaire, qui, 1804, baillonne les apôtres philantropiques; 4° au supplice dans tous les pays d'absolutisme.

Qu'ils sachent enfin sortir de l'ornière; essayer un moyen neuf; ne pas s'obstiner dans une idée fixe, une monomanie dont ils sont victimes depuis 40 ans. Ils ont le vice de SIMPLISME, incapacité de mener de front deux opérations spéculatives.

Ils sont engouffrés dans les utopies philantropiques, telles que la suivante extraite de la revue industrielle.

Parlant des troupes et de leur solde, l'écrivain dit :

Figurez-vous que ces 200 millions aient été, pendant dix ans, versés dans les officines de l'agriculture et de l'industrie; que de richesses n'auraient-ils pas engendré? où s'ils eussent été ajoutés pendant dix ans aux 40 millions de l'amortissement, il ne resterait pas une obole de la dette publique; nous aurions couvert le pays de canaux, de ponts, de chemins de fer, défriché nos landes, desséché nos marais, etc.

Et dans cet aperçu fort juste, M. Blanqui oublie d'ajouter le produit de deux cent cinquante mille ouvriers robustes qu'on occupe à monter la garde. Si l'on passait à l'état sociétaire, on aurait dès l'année suivante, non pas 200 mais 600 millions affectés aux travaux publics, aux armées industrielles. Mais pour atteindre à cet état de raison sociale ou unité d'action, il faut sortir du chaos social nommé civilisation, entrer dans les périodes 7 et 8 du tableau (ici, 34).

Ceux qui aiment ainsi à rêver le bien, devraient s'entremettre à provoquer l'opération d'où il naîtra. Paris contient cinquante sociétés savantes qui ne peuvent atteindre à leur but que par le mécanisme sociétaire (voir au final) qu'elles forment une commission tirée des cinquante, pour aviser au moyen de prompte exécution. Elles n'auront aucun système à adopter, elles suivront la méthode instinctive et routinière indiquée à l'article LABYRINTHE SOCIÉTAIRE, *au verso de la couverture. Ceux qui voudront en prendre connaissance* EN UNE LEÇON *pourront se réunir au local ci-dessous, rue de Grenelle Saint-Honoré, n° 45, le 13 juin, deuxième lundi de juin, à la petite salle, derrière la rotonde, à huit heures du soir.*

Qu'on ne s'attende pas à y entendre des fariboles oratoires, des gonflemens d'amour et de sympathie; tout au plus une courte philippique sur les préjugés et la servilité du génie moderne. Enchaîné à une science qui ne se croit pas elle-même (voir ici, Kant, 46, et les citations 31 et 32), il a besoin de s'émanciper, osera t-il franchir le pas, fonder la culture sociétaire en dépit du VETO *philosophique? Il est à Paris dix journalistes dont chacun peut la fonder par concours de sa clientelle, et partager avec elle 20 millions de bénéfice en basse échelle, 80 millions en grande échelle (voir le pis-aller, 20).*

PIÉGES ET CHARLATANISME

DES DEUX SECTES

SAINT-SIMON ET OWEN,

QUI PROMETTENT

L'ASSOCIATION ET LE PROGRÈS.

Moyen d'organiser en deux mois le Progrès *réel, la* vraie Association, *ou combinaison des travaux agricoles et domestiques, donnant quadruple produit, et élevant à* 25 *milliards le revenu de la France, borné aujourd'hui à* 6 *milliards un tiers.*

> Hos ego versiculos feci, tulit alter honores;
> Sic vos, non vobis, mellificatis, apes.
> VIRG.

Depuis quelques années le public est dupe d'un nouveau charlatanisme philosophique, roulant sur les mots *association* et *progrès*. Personne n'a songé à définir le vrai sens de ces mots; chaque sophiste peut s'en emparer et donner ses utopies, ses intrigues politiques, pour voies d'association et de progrès. Le mot ASSOCIATION est tellement prostitué aujourd'hui qu'il est vide de sens.

Les sociétés savantes ont négligé de provoquer la seule association utile, celle des travaux agricoles, domestiques et manufacturiers; la recherche d'une méthode propre à réunir en société actionnaire, en ménage combiné, quoique distribué en plusieurs classes, des masses de trois à quatre cents familles inégales en fortune : on quadruplerait par cette réunion le produit de leur industrie, on élèverait subitement à 25 milliards le produit de France qui n'est aujourd'hui que de 6 milliards un tiers.

Les Associations qui ne s'appliquent pas à l'industrie primordiale, à celles des cultures et ménages, sont presque toutes malfaisantes; les accapareurs, les agioteurs sont des associations très nuisibles; les filous de Londres forment une association puissante et bien organisée dont le chef possède une fortune de 20 millions, et avance des fonds aux menus filous dans les crises de morte saison; d'autres associations, comme celles des jacobins et des janissaires, sont oppressives et tyranniques : plusieurs sont parasites, comme celles des moines mendians ou rentés.

Les jésuites et les saint-simoniens sont deux associations théocratico-politiques tendant à maîtriser les gouvernemens et capter les hoiries : la différence entre eux est, que les jésuites déguisent leurs vues ambitieuses, ils ne prétendent pas avoir le droit de diriger le gouvernement et d'envahir les héritages, droit que s'arrogent hardiment les saint-simoniens, en vertu de quelques amphigouris d'économisme publiés par leur divin maître Saint-Simon qui a souvent dit tout le contraire des fadaises que lui prêtent ses disciples; mais il est commode de faire parler les défunts qui ne peuvent pas revenir donner un démenti.

Les saint-simoniens et les owenistes se flattent de savoir associer; ils ignorent que, pour y réussir, il est seize problèmes à résoudre, seize conditions à remplir. (J'en donnerai plus loin le tableau.) Leurs méthodes, leurs doctrines, loin de satisfaire à aucune des seize conditions, opèrent tout à contre-sens; elles vantent les vices qu'il faut extirper, et n'osent pas même s'engager sur la première condition qui est de rendre les dix-neuf vingtièmes des travaux plus attrayans que ne le sont nos fêtes, bals, spectacles, etc.

Leurs prédications tendent à nous détourner de toute recherche sur la seule association qui soit utile et urgente, celle des travaux agricoles et domestiques exercés économiquement par des masses de dix-huit cents à deux mille personnes inégales en fortunes et en toutes facultés.

Ces masses doivent exploiter combinément un terrain d'environ une lieue carrée, avec des fabriques pour les jours et les saisons où chôme l'agriculture; elles doivent représenter par actions les terres, capitaux et matériaux fournis; répartir trois sortes de dividendes, au capital, au travail, au talent de chacun, sans aucune communauté des propriétés ni de la dépense.

Elles doivent établir, dans leur édifice combiné, des appartemens et des tables de cinq à six degrés, adaptés à l'échelle des fortunes et aux abonnemens de chaque sociétaire, non compris les services de commande.

Enfin elles doivent exploiter *combinément, unitairement*, en opposition à la méthode civilisée qui emploie, dans une bourgade, quatre cents murs de clôture parasite, quatre cents greniers, quatre cents caves tenues au plus mal, quatre cents feux et vases de cuisine occupant quatre cents ménagères. Cette bourgade n'aurait, en régime combiné, qu'un seul grenier, une seule cave à subdivisions; trois ou quatre grands feux à la cuisine graduée; une douzaine d'agens au lieu de quatre cents; une seule haie vive de clôture, au lieu de quatre cents murs.

Ces économies immenses aidées de nombreuses mécaniques en toutes fonctions (214) élèveraient le produit de la bourgade, bien au-delà du quadruple de ce que donne la méthode civilisée ou morcelée, subdivisant les travaux en autant d'exploitations que de familles, et élevant certaines dépenses au centuple du nécessaire.

L'académie des Sciences, en juillet 1829, déclara, par l'organe de M. Moreau de Jonnès, qu'on pouvait obtenir le quadruple produit, *même par les méthodes actuelles* et sans connaître l'art d'associer; on atteindrait donc au décuple par la réunion sociétaire ou exploitation combinée qui, dans certaines branches de travail, élèverait les économies au vingtuple, au quarantuple, au centuple. On en jugera à l'article 1ᵉʳ.

Mais à ne tabler que sur le quadruple produit reconnu possible par l'académie, pourquoi tarde-t-elle à mettre au concours l'invention du procédé *d'industrie combinée* ou agriculture sociétaire qui réaliserait cette richesse dont la docte compagnie nous donne une stérile perspective ?

Ce procédé est découvert : le moindre essai qu'on en fera, l'examen seul, confondra les sectes qui nous leurrent d'association et de progrès. On a vu grand nombre de ces sophistes; Bellers, Rapp, Coombe, miss Wright, les moraves, les secoueurs, les owenistes, les coopératifs, les saint-simoniens; aucun de leurs chefs n'a su concevoir une idée neuve; leurs méthodes ne sont que des remaniemens d'oripeaux philosophiques ou des travestissemens de ma théorie; elles ne touchent point à la grande question de quadrupler le produit par la culture combinée, et par le ménage combiné, gradué à plusieurs degrés.

Ces champions de progrès qui veulent convertir et associer le monde entier, ne savent pas même associer une bourgade de deux mille habitans. Rob Owen a échoué dans tous ses établissemens; il n'a jamais osé parler des dividendes ou profits de ses actionnaires; et pourtant s'il eût su associer, il aurait dû quadrupler leur capital.

Les saint-simoniens plus rusés, esquivent toute épreuve en association industrielle; ils ne pourraient réussir qu'en employant la méthode naturelle dont l'invention m'appartient. Leur plagiat serait confondu par un traité publié en 1822, avant qu'il n'existât des saint-simoniens, et un plus récent de 1829, intitulé

LE NOUVEAU MONDE INDUSTRIEL ET SOCIÉTAIRE,

Ou invention du procédé d'industrie naturelle et attrayante, distribuée en courtes séances et en séries de groupes contrastés;

PAR CH. FOURIER.

Un fort volume in-8° : Prix 6 francs.

PARIS, { BOSSANGE PÈRE, RUE DE RICHELIEU, N° 60.
{ ET L'AUTEUR, RUE DE RICHELIEU, N° 45 BIS.

Nota. *Les chiffres isolés, entre parenthèses, qu'on voit dans ce factum, indiquent un renvoi aux pages du traité ci-dessus.*

Cette méthode n'a aucun rapport avec les monstruosités théocratiques et démagogiques des saint-simoniens et des owenistes avec leurs plans de communauté des biens, rétablissement de la main-morte universelle au profit de leurs nouveaux prêtres, par envahissement des héritages; méthode qui, au bout d'une génération, livrerait tout l'ensemble des propriétés à ces prêtres, sous prétexte de distribution philanthropique.

La vraie association, loin d'abolir les droits d'hérédité et de spolier les riches, augmentera prodigieusement leur revenu, tout en assurant le bien-être des classes inférieures; en effet supposons le quadruple produit distribué comme il suit :

Triple en intérêt des grands capitaux;

Quadruple en intérêt des petits capitaux;

Quintuple en bénéfice de travail et de talent.

Dans cette catégorie le riche propriétaire qui a 10,000 fr. de rente, en obtiendra 30,000; le bourgeois dont le revenu est borné à 2000 fr., en obtiendra 8000; et le prolétaire, les vingt-deux millions de Français pauvres, limités à 6 *sous et demi* par jour, obtiendront 33 *sous*, 600 fr. par an au lieu de 120. Il est entendu que le numéraire, dans ce nouvel ordre, acquerra quadruple valeur, car on ne pourra pas quadrupler la masse des métaux comme celle du produit.

Cette perspective est l'opposé des plans d'Owen et S.-Simon qui, ne sachant pas quadrupler le produit par l'industrie combinée et attrayante, veulent prendre sur la part des riches pour donner aux pauvres, mettre les biens en communauté monastique, priver les enfans d'héritage, rétablir la main-morte universelle au bénéfice de nouveaux prêtres qui, en promettant de distribuer au peuple, ne manqueront pas de s'adjuger la part du lion.

La vraie association et son quadruple produit seraient une planche de salut pour tous les gouvernemens : on pourrait en France doubler subitement l'impôt, tout en dégrevant de moitié les contribuables; en effet, le milliard de budget fiscal est à peu près le sixième du produit français estimé 6 milliards un tiers; si on réduit, dans le nouvel ordre, l'impôt à moitié, au douzième seulement, le fisc aura 2 milliards de revenu, puisque le produit quadruplé s'élèvera à 25 milliards. Le fisc, en outre, épargnera 120 millions de frais sur les 135 absorbés par la perception actuelle; car dix-sept mille cantons ou phalanges agricoles de France abonneront pour un impôt unique et direct versé à jour fixe en quatre termes. Le fisc aura donc double impôt, 2 milliards et plus, tout en dégrevant de moitié les peuples.

Alors disparaîtront les plans de finance et inventions désastreuses des économistes, droits réunis, octrois, taxe du sel, tarifs de douanes, de portes et fenêtres, ferme de jeux et loteries, etc. Tous les agens fiscaux secondaires seront replacés dans les dix-sept mille phalanges industrielles bien plus agréablement et plus lucrativement que dans leurs tristes fonctions actuelles.

Avec 2 milliards de revenu fiscal et 200 millions d'épargne sur la perception et autres branches, il sera facile d'éteindre en peu de temps les dettes nationales, et de subvenir aux travaux publics si négligés en France faute de fonds.

Le beau côté de cette invention est la célérité d'emploi : en six semaines d'exercice du canton d'essai, (dix-huit cents personnes et une lieue carrée), la démonstration de l'industrie attrayante sera faite, l'imitation sera subite et universelle, même chez les sauvages et barbares ; dès la campagne suivante on jouira pleinement du quadruple produit.

Des hommes qui possèderaient cette théorie de la vraie association, se garderaient bien de l'amalgamer avec des jongleries comme la suppression de la propriété et de l'hérédité, le rétablissement de la main-morte générale, la destruction des cultes par Owen, les schismes religieux par S.-Simon, et autres germes de guerre civile.

La vogue de ces sophismes cause à l'humanité un préjudice très funeste, en retardant l'avènement à la vraie association ou industrie combinée, qui mettrait un terme subit aux révolutions et aux calamités plus fréquentes que jamais, et qui n'opère ni sur la religion ni sur l'administration, mais seulement sur les quatre industries agricole, domestique, manufacturière et commerciale.

Si les sectes Owen et S.-Simon se bornaient, l'une à détruire, l'autre à créer des religions, je n'aurais aucun titre pour les critiquer, puisque les lois modernes transforment les religions en branche de commerce, libre à tout le monde. Mais ces sectes maraudent effrontément sur mon terrain, elles prétendent établir le mécanisme d'association *universelle*, c'est-à-dire extensible aux sauvages et barbares, et publié par moi dès l'an 1822. *Sic vos non vobis.*

On sait déjà que Rob Owen a échoué complètement en Amérique, où ni sauvages ni civilisés n'ont voulu adhérer à ses communautés monastiques, à ses doctrines d'athéisme déguisé dont les Américains ont dit : « Nos lois protègent tous les cultes, mais nous méprisons une secte qui n'a point de culte. » Il s'est ravisé depuis, et il veut maintenant établir une religion de sa façon. En bonne girouette, il a changé de dogmes une dizaine de fois comme les s.-simoniens. Eux et lui ignorent ou feignent d'ignorer que pour associer il y avait une grande découverte à faire, le calcul de l'attraction industrielle, continuation de la théorie de Newton sur l'attraction matérielle.

Les owenistes opéraient tout à contre-sens du procédé d'industrie attrayante, et les s.-simoniens n'osent pas s'exercer sur ce grand problème qui, je le répète, est de répandre sur les dix-neuf vingtièmes de travaux productifs assez de charme pour les faire préférer à nos amusemens connus, et d'attacher au vingtième de travaux répugnans assez d'amorces indirectes pour les faire exécuter avec ardeur et gaieté.

Cette innovation est la seule voie de vraie philanthropie, le seul gage d'abolition de l'esclavage, de la traite, de la féodalité; car tout maître d'esclaves ou de serfs sera empressé de participer au quadruple produit; il affranchira ses esclaves, sauf rachat solidaire et payable en annuités, par retenue sur le bénéfice quintuple alloué à la classe inférieure.

Tant qu'on ignore le mécanisme d'attraction industrielle, il est impossible d'élever le peuple au bien-être, aux lumières, aux bonnes mœurs, car il abandonnerait le travail dès qu'il serait dans l'aisance, ou bien il ne travaillerait, comme les Castillans, qu'un ou deux jours par semaine.

Les s.-simoniens tombent à chaque pas dans des erreurs choquantes faute de connaître l'industrie attrayante; on voit leur journal, *le Globe*, déclamer trois cent soixante fois par an contre les oisifs, qui ont raison d'aimer l'oisiveté tant qu'on ne leur présente que l'industrie répugnante, la méthode morcelée, mensongère, complicative, incohérente, la subdivision par familles, industrie réprouvée par la nature, puisque les hordes sauvages s'obstinent à la repousser : elles adhèreront subitement à l'agriculture lorsqu'on la leur présentera en mécanisme naturel et attrayant, distribué en séries de groupes contrastés et phalange de séries. (Voir le traité.)

Les s.-simoniens veulent, disent-ils, supprimer l'aumône, c'est-à-dire l'indigence : mais elle ne peut pas disparaître avant qu'on n'ait organisé le régime d'attraction industrielle, ou bien elle ne serait prévenue que par une spoliation des riches qui certes n'y consentiront pas, et cette spoliation ne serait qu'un palliatif de quelques jours de durée.

Ils veulent établir une propagande en tous pays : cela est très inutile; il suffira, pour la métamorphose industrielle du globe, de lui montrer la destinée humaine, le mécanisme d'industrie attrayante qu'on peut fonder sur une lieue carrée, avec un bénéfice de 80 millions au moins si cette épreuve se fait aux environs de Paris.

Enfin ils veulent supprimer la guerre : ils ignorent qu'elle est inhérente à toutes les périodes sociales organisées par familles, comme la civilisation, la barbarie, etc. : ils veulent donc nous élever plus haut que la civilisation, et ils ne savent pas nous enseigner un mécanisme industriel autre que celui des familles ou des couvens, un régime assez séduisant pour être adopté subitement par l'humanité entière.

Au résumé ils promettent beaucoup de choses qu'ils ont lues dans mes traités, comme la cessation de l'indigence et de la guerre; mais ils n'osent pas, de mon vivant, proposer le moyen d'exécution. Le procédé nommé séries de groupes contrastés opérant par les trois ressorts suivans : 1° *séances courtes et variées, avec attirail élégant;* 2° *exercice parcellaire dans les divers travaux librement choisis;* 3° *échelle bien nuancée, bien graduée dans les goûts des divers groupes de chaque série.* (1re section.)

Sans l'emploi combiné de ces trois moyens, on ne parviendrait pas à faire naître l'attraction industrielle. Tous ceux qui voudront essayer d'associer ne réussiront du plus au moins que selon qu'ils se rallieront à ce procédé naturel que j'ai décrit en grand détail, et que les plagiaires ne pourraient pas travestir.

Entrevoyant les intentions de ces corsaires, je proteste contre eux, et je vais signaler leurs intrigues; ce sera le sujet de deux articles, l'un sur l'*association intégrale*, l'autre sur le *progrès réel*. Leur impéritie est extrême sur l'un et l'autre problème; leur nouveau dieu S.-Simon, qu'ils donnent pour dieu de l'avenir, n'a pas eu la moindre notion de l'échelle des progrès à venir. Ses conceptions bizarres de former les industriels en conseil *superposé* aux ministres, de faire congédier de la cour, noblesse, clergé, magistrature et militaire; de n'entourer le roi que de s.-simoniens, que d'épiciers et boutiquiers des rues Verrerie et Saint-Denis; de leur confier exclusivement la gestion des finances; toutes ces idées saugrenues, cousues à un schisme religieux, à un plan de spoliation des riches, à un retour de la main-morte, à une morale démagogique, à une politique d'anarchie mercantile; ces monstruosités, dis-je, sont des voies de rétrogradation sociale, n'en déplaise à leur dieu du progrès à venir, dieu profondément ignorant sur ce qui touche à l'échelle et aux caractères du progrès. (Voir le 2ᵉ article.)

Tout récemment un écrivain célèbre a signalé en ces mots les jongleries de progrès dont nous rebattent ces apôtres d'obscurantisme. « Je ne veux pas, dit-il, quand on me parle de l'a-
» venir, qu'on vienne me donner pour du neuf les guenilles qui
» pendent depuis deux mille ans dans les écoles des philosophes
» grecs, et dans les prêches des hérésiarques chrétiens. Je dois
» avertir la jeunesse que lorsqu'on l'entretient de la communauté
» des biens, des femmes, des enfans, du pêle-mêle des corps et des
» âmes, du culte de la pure raison, etc., quand on lui parle de
» toutes ces choses comme de découvertes de notre temps, on
» se moque d'elle; ces nouveautés sont les plus vieilles comme
» les plus déplorables chimères. »   CHATEAUBRIAND.

Et notre siècle, qui se dit tout positif, accueille gravement ces fadaises ! on voit la jeunesse aller, pendant une année entière, étudier, aux prêches S.-Simon, la nouvelle politique de donner tout son bien aux prêtres de la rétrogradation.

Un caractère commun à ces nouvelles sectes est la stérilité de génie; elles n'ont que des dogmes d'emprunt, par exemple, OWEN : son système est l'habit d'Arlequin, une rapsodie de toutes pièces : il emprunte à Lycurgue et Pythagore, la communauté des biens ; aux esprits forts du dix-huitième siècle, l'abolition des cultes ; à Platon, à Senancour, aux Otahitiens, l'idée de libre amour ; tout ce galimatias est donné pour méthode sociétaire. Les s. simoniens n'ont, comme Owen, pas une idée de leur crû ; ce sont des frelons scientifiques, on s'en convaincra plus loin.

Le but secret de toutes ces sectes est d'attaquer la religion catholique ; c'est là ce qui leur rallie des partisans. Je ne m'arrête pas à gloser sur ce sujet, et je me hâte d'en venir aux deux masques d'association et de progrès dont elles s'affublent. Elles ne connaissent ni les voies ni même les germes du progrès ; on n'a vu depuis 1800 que deux tentatives ou velléités de progrès réel ; l'une par Napoléon qui rêvait la conquête du commerce : il aurait voulu le discipliner, le soumettre à une police ; il s'indignait de l'indépendance tyrannique de cette profession ; il disait avec humeur *on ne connaît rien au commerce :* il entrevoyait fort bien qu'il devait exister quelque moyen de le subordonner aux convenances des consommateurs et des cultivateurs, et à une garantie solidaire ; mais il ne sut pas inventer l'opération qui aurait été un *très grand progrès* (voir l'art. 2) ; il n'en eut que la velléité et non le génie. Il trembla devant le commerce, et mérita de tomber sous les coups du commerce qui le renversa en lui faisant manquer sa campagne de Russie, par un accaparement de farines et une famine factice.

L'autre tentative a été faite en 1826, par MM. Laffitte, Périer, Ternaux, etc., qui essayèrent d'organiser une compagnie d'industrie commanditaire, pour s'emparer des travaux publics. Leur entreprise, envisagée et dirigée à contre-sens, dut échouer. Il eût fallu créer la compagnie d'ouvriers avant celle de maîtres, quinze mille agences de travailleurs qui auraient pu se charger des travaux publics à moitié prix, (voir 507, les fermes fiscales), et le ministère aurait été forcé de leur offrir cette régie, sauf participation sociétaire. Je reviendrai sur ce sujet.

On pourrait citer une troisième tentative de progrès effleurée en 1804, par un journal périodique nommé *Décade philosophique.* Il s'avisa tout-à-coup de vanter la vraie association ou exercice en cultures et ménages combinés. L'écrivain, signant

Cadet de Vaux, énumérait les immenses bénéfices que donnerait l'industrie combinée; il fut ébloui de cette perspective et cria à l'impossible; ce n'est pas le moyen d'atteindre aux découvertes que de lâcher pied sans aucune recherche.

On croit généralement que les passions, les inégalités, les antipathies sont un obstacle aux réunions de ménage sociétaire; oui, si les familles sont en petit nombre; on ne peut en accorder ni trois ni trente sans discipline coërcitive; mais dès qu'on réunit cent cinquante familles, on peut déjà appliquer le procédé nommé séries de groupes contrastés; et le succès est d'autant plus facile qu'il y a plus d'inégalité dans les fortunes, plus de variété dans les passions et caractères : cela est démontré au traité. Ainsi l'on a pris pour obstacles les ressorts que la nature nous a ménagés pour le succès.

Il est temps de passer aux deux articles explicatifs; ensuite j'indiquerai au final les moyens à prendre pour fonder l'essai qui démontrera la faculté d'obtenir un produit non pas *quadruple*, mais *décuple*, et de mettre en évidence l'hypocrisie des deux sectes dénoncées. On se convaincra par des faits, par leurs actes notoires, que les owenistes et s.-simoniens, avec un masque de philanthropie, un jargon de sollicitude pour les classes ouvrières, sont complètement indifférens sur le sort du peuple, et n'ont pour mobile, qu'un égoïsme orgueilleux chez Rob Owen, et une cupidité audacieuse chez les s.-simoniens. Dissertons d'abord sur les deux branches de sciences qu'ils ignorent tout en se vantant de les posséder.

Art. 1er. — ASSOCIATION INTÉGRALE.

Pour être intégrale, elle doit s'étendre aux passions comme aux travaux, utiliser les passions et caractères, les instincts et goûts, les discords et antipathies, enfin toutes les impulsions naturelles; en former une mécanique générale à défaut de quoi l'on ne peut pas établir de rapprochement industriel entre les trois classes, riche, moyenne et pauvre.

Ce nom de *mécanique des passions* et caractères n'a aucun rapport avec les visions morales de fraternité; mécaniser n'est pas concilier, mais utiliser réciproquement des discords et antipathies; la morale veut changer les hommes et leurs passions; la mécanique sociétaire les emploie tels qu'ils sont.

Nous donnons à Dieu le titre de mécanicien suprême, éternel géomètre. Avait-il cessé d'être mécanicien et géomètre le jour où il créa nos passions? Non, sans doute; il a donc composé pour nos relations un *mécanisme géométrique* des passions et caractères, des attractions et répugnances, des vertus et vices, et il a dû nous le révéler (417, 442), sauf à nous à étudier et consulter la voie de révélation qu'il emploie sur la destinée sociale. Newton a manqué cette révélation en laissant incomplet son calcul de l'attraction, en l'abandonnant à moitié chemin. Il était bien d'autres moyens d'arriver au but (523), au mode sociétaire qui est nécessairement le régime voulu par Dieu, si Dieu est, comme nous le pensons, mécanicien suprême, suprême économe.

Pour associer une masse de trois à quatre cents familles, on emploie le ressort d'impulsion que la nature emploie sur toutes les masses libres; elle les divise d'abord en plusieurs groupes cabalistiques, formant une échelle ou série de goûts et de partis; c'est l'opposé de la morale s.-simonienne qui fait de ses sociétaires une famille de frères, tous unis d'opinion. La nature veut le contraire; sa première impulsion est d'établir l'échelle de discords dans une masse, la subdiviser en série de groupes rivaux, y créer les discords de genre et d'espèce; comme dans une chambre de députés où l'on voit trois ou quatre partis de genre, dits centres et extrêmes, et une douzaine de partis d'espèce, distingués par des sobriquets de pointus, ventrus, ou par des noms d'un chef de coterie. Telle est la distribution voulue par la nature, et que je nomme série de groupes gradués et contrastés, ou série passionnée.

Mais sur ce germe brut, il est bien des opérations à faire avant de l'amener au mécanisme des discords, à la justesse géométrique en relations agricoles et domestiques, et surtout en répartition des bénéfices, 362. La description de ce procédé occupe trois cents pages au traité : on y voit que le plus bas degré d'association exige au moins soixante séries et sept cents personnes; et le plus haut degré, quatre cents séries et dix-huit cents personnes. On ne peut pas associer passionnément et sans statuts une petite masse de cinq cents personnes, elle n'arriverait point au mécanisme des passions, des discords, des inégalités, ni au quadruple produit.

Si le ressort principal de ma théorie est moyen naturel, première impulsion donnée par la nature à toute masse libre, il en est de même des ressorts secondaires, ils sont tous puisés dans la nature ou attraction : je puis défier qu'on en trouve un seul qui soit contre nature, comme les procédés Owen et S.-Simon, la communauté des biens, la main-morte ou privation du droit de tester. En spéculant ainsi sur la contrainte et la spoliation des riches, sur l'exercice forcé de travaux non attrayans, ces sectes ne pouvaient rien découvrir sur l'art d'associer.

Pour en apprécier l'importance, estimons-en le revenu. L'académie admet déjà la possibilité du quadruple dans certaines branches, encore ne spécule-t-elle *que sur les moyens actuels*. Moi qui apporte d'autres moyens, je vais prouver qu'il sera au moins décuple, quoique je n'aie annoncé au traité que le quadruple, pour éviter le soupçon d'exagération.

Partie matérielle. Plusieurs branches donneront le vingtuple; entre autres le poisson d'eau douce. Les petites rivières en fourniraient le décuple si l'on s'accordait sur les époques et doses de la pêche, et qu'on donnât à la chasse aux loutres, le quart du temps employé à ravager les eaux. Cette unité d'action produira, *sans rien faire*, dix fois plus que nous ne produisons avec un pénible travail, car la pêche est difficile et ingrate lorsque les pêcheurs surabondent.

L'on obtiendra un autre décuple par les viviers latéraux : on formera, vers le sommet de chaque vallée, des réservoirs dont on dégagera en été un courant distribué à mi-coteau, pour arroser les pentes, remplir les viviers et en renouveler les eaux, afin que le poisson n'y soit pas boueux : les viviers en donneront énormément moyennant quelques alimens; leur produit, joint à celui des rivières, sera vingtuple de la quantité actuelle.

Les volailles, au moyen de fours à éclosion et autres méthodes impraticables à de misérables paysans, seront un immense produit, élevé bien au-delà du quadruple qu'augure l'académie sur les quadrupèdes et fourrages. Les races de chevaux et les laines acquerront bien vite un immense perfectionnement par emploi des bonnes méthodes repoussées du paysan et impraticables dans nos pauvres ménages villageois.

En relations industrielles, on obtiendra plus du vingtuple sur les courses et mouvemens de marché; on remplacerait cent porteurs et chariots de grains par un seul vendeur sur échantillon; cent laitières, leurs ânes et leurs vases, par un seul chariot suspendu, portant des tonneaux de lait, et de même pour les légumes. Ces économies prodigieuses réduiraient les frais d'agens et d'attirail bien au-dessous du vingtième.

En commerce, la méthode véridique et unitaire emploiera à peine le vingtième des familles qu'emploie notre méthode mensongère, complicative et anarchique, notre concurrence de fourberie. Six cent mille familles en France quitteront le commerce et seront rendues au travail productif. La garantie de vérité triplera subitement la masse des relations commerciales.

L'étude des langues, des monnaies et mesures est encore un temps perdu. Quand on aura adopté une langue unitaire, tous les enfans la sauront dès le bas âge; on les y habituera comme à la langue locale. Ceux de Constantinople sont élevés à parler quatre langues.

Les travaux de ménage donneront en moyen terme décuple bénéfice. Il sera vingtuple sur la gestion des cuisines et l'épargne de combustible, agens et batterie; vingtuple sur le soin des enfans (3ᵉ section); ce travail n'emploiera pas le dizième des femmes qu'il absorbe, et par son excellence il épargnera moitié sur les décès très nombreux chez nous, même dans les campagnes salubres et encore plus dans les villes.

Les vergers produiront le vingtuple, parce que l'épargne de combustible permettra de planter d'arbres fruitiers une partie de nos forêts. On ne le pourrait pas aujourd'hui, par risque de vol, tromperie des pépiniéristes, et privation d'édifices conservateurs, de moyens et notions en conserve du fruit.

Les jardins, pourvus de pompes, rigoles, caves d'hiver, et étendus à une portion des terres à blé, donneront au-delà du décuple en légumes. L'abondance d'engrais fera obtenir notre quantité de grains sur une surface bien moindre.

J'ai prouvé (préface, 23) que la vigne, qui ne semble pas susceptible d'un grand accroissement de produit, donnera quadruple par la bonne manutention et la cueillette graduée, puis décuple par la libre circulation et les coupes en vins liquoreux, et par l'amélioration rapide des climatures.

Les bâtimens présenteront des économies énormes ; plus de murs de clôture ; un grenier, une cave, au lieu de quatre cents greniers, quatre cents caves.

Les céréales seront donc la seule branche qui ne donnera pas décuple ; mais si on la porte au double, on reprendra moitié des terres qu'absorbe cette culture; et sur l'autre moitié conservée aux céréales, on aura bien vite le sextuple au lieu du double, par suite de la restauration climatérique (1).

(1) Nous voyons déjà des différences de 12 degrés obtenues par culture intégrale d'une région. Québec et Tours sont en même latitude, et Québec éprouve des froids de 30 degrés comme la Suède, parce que le Canada et les régions voisines sont incultes. La Touraine sur la même ligne jouit d'un doux climat.

Si nos cultures actuelles très imparfaites atteignent déjà au bénéfice de 12 degrés, on en obtiendra 24 par une culture intégrale et judicieuse adaptée aux convenances d'intérêt général. Aujourd'hui on détruit les forêts, on effrite les montagnes, on tarit les sources; chaque propriétaire peut, selon son caprice, compromettre les intérêts de la contrée, en vicier l'atmosphère; et par suite de cette liberté de vandalisme, la température se détériore sensiblement. L'industrie combinée placera dans chaque bassin les forêts selon la convenance générale qui d'ordinaire coïncide avec les convenances locales ; elle reboisera les montagnes et pentes par ses armées industrielles; en moins d'un siècle elle aura porté le globe au complet de cinq milliards; ainsi la température s'améliorera avec rapidité, tant par l'extension que par la sage distribution des cultures. (Voir l'équilibre de population, 399.)

Un des résultats de ce progrès sera de prévenir le fléau du second hiver nommé lune rousse, après la cessation duquel nous serons plus assurés de trois récoltes en France, qu'aujourd'hui d'une seule, car la végétation et la feuillaison commenceront dans le courant de février. Les blés seront coupés au 15 mai : une récolte de petits légumes arrosés succédera, et sera enlevée avant la fin de juillet; ensuite les avoines et objets de troisième crû semés au 1er août, seront enlevés à la fin d'octobre, quelques uns en novembre. Le soleil d'octobre aura pour les mûrir plus de force que n'en a aujourd'hui celui de septembre, parce que les glaciers du pôle seront beaucoup diminués; tout le nord bien cultivé et échauffé, surtout en Sibérie, ne nous enverra que peu de miasmes froids et germes de brumes. Nous aurons gagné au moins dix degrés sur les climatures, non en accroissement de chaleurs, mais en diminution de

Tel est le bien matériel que doit créer la vraie association, et certes le produit en sera plus que quadruple du nôtre. Ce n'est pas trop de l'estimer sextuple en moyen terme, puisqu'il sera, comme on l'a vu plus haut, vingtuple dans beaucoup de branches. Il reste à parler du ressort qui doublera tout l'ensemble de ce produit et l'élèvera du sextuple au décuple, au douzuple : c'est l'attraction industrielle.

Partie harmonique. Moyen d'associer les esprits, les caractères antipathiques. Sur ce problème les owenistes et s-simoniens tombent dans de plaisantes erreurs; ils ne rêvent que sympathie, qu'amour, fraternité, effusion de cœur et débordement sentimental ; aucune de ces fadeurs morales n'est ressort d'harmonie sociétaire. Il faut, dans une phalange industrielle de dix-huit cents personnes, organiser au moins cinq cent mille discords, entretenir avec soin les antipathies, l'antagonisme, et tous les prétendus vices que veulent détruire S.-Simon et Owen ; il faut employer tous les caractères tels qu'ils sont, utiliser l'homme tel que Dieu l'a fait ; c'est avec ces vices qu'on parvient à créer l'attraction industrielle dont le mécanisme se compose d'antipathies autant que de sympathies ; car, dans une série bien graduée, chaque groupe est en pleine discorde avec les deux contigus, et en demi-discorde avec les deux sous-contigus.

L'attraction industrielle a la propriété de doubler la masse du produit par deux moyens, célérité et dextérité : nous en voyons des preuves dans les circonstances où elle peut éclore. J'ai cité (113) *la mine de Liége*, où on fit, en quatre jours, pour sauver quatre-vingts camarades enfouis, un travail que des ouvriers salariés n'auraient pas fait en quinze jours; l'assaut de Mahon où les soldats électrisés gravirent, sous le feu de l'ennemi, des rochers qu'ils ne purent pas le lendemain gravir de sang-froid et sans obstacle du feu.

L'attraction industrielle se compose de deux fougues, l'une réfléchie, prudente comme celle de la mine de Liége; l'autre

---

frimas, d'ouragans, d'intempéries qui appauvrissent nos cultures. L'oranger croîtra en pleine terre à Paris comme à Lisbonne, et les coteaux de Surêne, d'Argenteuil, donneront des vins peu différens de ceux de Portugal et de Calabre.

aveugle, tumultueuse comme celle de l'assaut de Mahon. Le travail des barricades de Paris, qui furent élevées si promptement, presque sous le feu de l'ennemi et sans salaire, était un effet de fougue réfléchie ; la fâcheuse démolition de l'Archevêché était un effet de fougue aveugle. On s'est étonné de l'extrême célérité avec laquelle s'effectuèrent ces travaux *non salariés*, dont chacun disait : « On ne conçoit pas comment cela s'est fait si vite. » C'est qu'une masse de travailleurs, animée de l'une des deux fougues, n'importe laquelle, et stimulée au degré d'attraction véhémente, fait trois et quatre fois plus de besogne qu'une masse vénale, et la fait mieux. Cette masse revenue le lendemain à l'état de calme, ne peut pas concevoir elle-même les prodiges qu'elle a faits en si peu de temps.

Ce n'est donc pas trop d'estimer au double le produit de l'attraction industrielle, car il est quadruple dans beaucoup d'emplois ; mais il est certaines fonctions où elle a moins de prise, comme dans le soin d'une mécanique, moulin, usine ou autre. Je réduis donc au double le bénéfice qu'elle donnera dans le régime sociétaire, qui déjà produira sextuple par les dispositions matérielles : en y ajoutant le double pour bénéfice d'attraction, l'on aurait douzuple produit, disons seulement décuple.

La distribution, nommée série de groupes contrastés, fournit des moyens sûrs pour appliquer aux dix-neuf vingtièmes des travaux l'une des fougues, 87, 93, 96, et même les appliquer à des travaux très répugnans. (Voir 243.) Sans l'attraction industrielle tous les projets de nos progresseurs ou progressifs sont impraticables ; on ne peut échapper ni à l'indigence ni à la guerre, on ne peut établir aucune fusion coopérative entre les trois classes riche, moyenne et pauvre, ni faire naître les bonnes mœurs chez aucune des trois ; on ne peut pas associer autrement que par statuts obligatoires et répressifs; on ne peut pas non plus éclairer le peuple chez qui les vraies lumières seraient dangereuses tant qu'il ne serait pas pourvu de travaux attrayans et fructueux, dont le produit certain puisse permettre de lui avancer un minimum d'entretien décent.

Jugeons, par cet aperçu, quelle est l'étourderie de notre siècle qui n'a pas songé à continuer le calcul de Newton sur l'attraction, passer de la matérielle à la *passionnelle*; et quel est le vandalisme de nos champions de progrès et d'association qui, voyant depuis la chute des établissemens Owen qu'on ne peut pas associer par les moyens connus, ne veulent pas en admettre d'autres puisés dans la nature, comme l'emploi de l'attraction qui ne peut se développer qu'au moyen de la distribution des travaux et des plaisirs, en séries de groupes contrastés, fonctionnant selon les trois règles indiquées précédemment.

Continuant sur la richesse à en recueillir, nous avons déjà une garantie du décuple; ainsi notre misérable population de la belle France, nos 22 millions de souverains à 6 *sous et demi par jour*, auront le nécessaire. Il semble qu'après un tel progrès en richesse on n'ait rien à désirer de mieux pour le peuple, ni pour les riches qui jouiront de pareil accroissement dans la proportion de douzuple au peuple, décuple aux moyens, octuple aux riches. Le plébéien de 6 sous et demi, 78 sous, soit 4 fr.; le bourgeois de 2000 fr. de rente, 20,000 fr.; et le riche de 10,000 fr. de rente, 80,000.

Nous ne prétendons pas tant, répliquent-ils : c'est cette modération qui les rend inhabiles à pénétrer la destinée; ils ont le tort de désirer la médiocrité quand Dieu veut leur donner l'immensité de biens : ce décuple revenu dont je viens d'expliquer deux sources, industrie combinée et travail attrayant, doit s'élever au centuple *relatif* par le mécanisme de participation échelonnée.

Nous voyons dans l'état actuel certains effets de participation simple sans échelle d'inégalités. Un cabinet littéraire fournit pour 6 fr. par mois une masse de journaux et brochures de circonstance qu'on ne se procurerait pas isolément pour 300 fr. par mois; il donne de plus une bibliothèque de deux mille volumes. C'est le fruit d'une réunion de cent abonnés; elle élève la jouissance au cinquantuple, elle fournit, pour 72 fr. par an, ce qu'on paierait isolément 3,600 fr. au moins.

On trouve d'autres participations de trentuple, vingtuple degré; j'ai vu telle table d'auberge servir habituellement plus de mets qu'on ne donnait de sous, trente-quatre mets neufs et très bons pour 30 sous, plus le vin et les hors-d'œuvre. Un homme seul faisant préparer chez lui, à petite dose, aurait payé ce service bien plus de 30 fr., c'était un bénéfice de participation porté au-delà du vingtuple.

Toutes ces participations sont encore très faibles parce quelles sont entachées d'égalité, et non échelonnées selon la méthode sériaire (320, 336). Quiconque lira le traité du mécanisme d'industrie attrayante verra que la participation y est élevée en général au vingtuple, et souvent au cinquantuple (320, 336). Mais habitué à caver au plus bas, je n'estime que décuple sur le tout; ainsi le plébéien qui, réduit chez nous à 6 sous et demi, gagnera 4 fr. dans l'ordre combiné, pourra, au moyen de la participation, mener le train de vie qui coûterait en civilisation 40 fr. par jour; et le riche qui, renté aujourd'hui à 10,000 fr. en aura 80,000, pourra mener le train de vie qui lui coûterait aujourd'hui 800,000 fr.

Répétons que je cave au plus bas : je puis prouver que la participation sera, sur la plupart des jouissances, plutôt vingtuple que décuple ; tel qui voudra prendre sur les équipages et chevaux un abonnement de premier degré, aura à sa disposition bien plus de chevaux et équipages qu'il n'en aurait chez nous pour vingtuple dépense, et il sera dispensé de tout embarras de gestion. L'on peut voir (320, 336) que sur la partie gastronomique, ou raffinement de bonne chère, les chances de service délicat et gaieté des repas, seront au moins cinquantuple de ce qu'elles sont chez nous, à prix égal.

Qu'on essaie un parallèle de ce bien-être avec celui que promettent nos oracles de progrès, nos nouveaux dieux de l'avenir s.-simonien qui veulent violenter les oisifs, et forcer le travail au lieu d'y attacher du charme par le mécanisme des séries de groupes contrastés. Ils ne savent pas fournir du travail à des millions de pauvres qui en demandent, et ils veulent contraindre les oisifs à travailler. Ils veulent spolier les riches ; ici au contraire on leur assure un immense accroissement de fortune, de plaisirs, de liberté, tout en élevant le peuple à un sort très brillant.

S'ils avaient pour l'humanité un brin de cette sympathie et de cet amour dont ils font parade, ils emploieraient le procédé de la vraie association, ils feraient en deux mois la conquête du monde, conquête vraiment pacifique ; tandis que leur propagrande et leur schisme ne tendent qu'à y introduire la guerre civile, et pourront se terminer par des huées, le jour où un capitaliste convaincu qu'il peut faire, sur cette entreprise, d'immenses bénéfices, formera une compagnie d'actionnaires pour fonder la phalange d'essai, soit en grande échelle (137), soit en échelle réduite, 451.

Le pis-aller pour cette compagnie sera :

En 1re source ou *matériel,* tout le bénéfice qu'on a vu plus haut estimé décuple et vingtuple sur diverses branches. La phalange d'essai négligera les céréales, les grands quadrupèdes et tout le produit lent ; elle s'adonnera aux jardins, volailleries, champs de fleurs et objets de revenu subit. (J'ai prouvé que rien ne sera si précieux en début d'harmonie que les graines de fleurs ; elles vaudront le décuple, parce que les fleurs, dans ce nouvel ordre, sont ressort essentiel de l'éducation attrayante.) Les actionnaires seront donc déjà assurés d'un bénéfice quadruple au moins sur le matériel ; et de la revente à 4,000 fr., d'une action de 1,000 fr.

En 2e source ou profit d'*attraction :* quand on douterait de la faculté de créer en plein l'attraction industrielle, on ne pourra pas douter d'en voir naître certaines branches : la controverse portera donc sur les doses à obtenir des trois ressorts (cités ici, 8), je ne rappelle que le premier : n'est-il pas certain que les séances courtes et variées, avec attirail élégant, compagnie passionnée et intriguée, sont un puissant moyen de charme ? Or, si les critiques défians réduisent moitié sur mon estimation, il faudra n'évaluer le bénéfice d'attraction qu'à moitié en sus, et le quadruple obtenu de première source, deviendra sextuple par concours de cette deuxième source : l'action de 1,000 fr. sera revendue 6,000 fr., après la démonstration terminée en moins de deux mois.

En 3e source ou *participation,* les avantages tels que ceux de bonne chère économique (320, 336), domesticité gratuite et indirecte (290, 325, 341), ne peuvent pas être contestés, car ils tiennent aux dispositions matérielles. Ainsi tout homme riche et désireux de placer son capital à 500 *pour* 100, prendra volontiers action dans cette affaire quand elle sera connue ; et les sectes charlatanes qui n'ont aucun procédé pour associer, les owenistes dont la méthode a échoué, les s.-simoniens qui n'osent pas faire un essai, seront oubliées en ce qui concerne l'association, et renvoyées à leur fabrique de religions.

Tous ces spéculateurs en sophisme ont un masque spécieux et commode, ils s'étayent d'un désordre bien scandaleux, c'est le refus de travail fructueux, et le dénuement des classes ouvrières, dénuement qui est la honte de la civilisation et de ses sciences. Il est évident par l'aspect des régions vantées, Angleterre, France, etc., que plus l'industrie augmente, plus la classe populaire, formant les deux tiers, est accablée de misère, et exposée à la privation de travail que ne redoute pas le peuple oisif de l'Espagne. De là les sophistes concluent avec raison qu'il faudrait essayer la méthode sociétaire, en opposition à la méthode morcelée ou subdivision par familles.

En conséquence tout charlatan met en scène quelque système bizarre qu'il baptise du nom d'association universelle applicable même aux sauvages ; on voit des badauds s'y laisser prendre ; le tort dans cette affaire est aux gouvernemens modernes qui, imbus de certains principes de liberté anarchique, n'ont point établi de police scientifique. S'il en existait une, elle dirait à tous ces charlatans :

« Ce que vous promettez est très désirable, mais nous vou-
» lons, en association, la chose et non pas le mot ; nous voulons
» des moyens réels, neufs, efficaces, et non pas des oripeaux
» philosophiques, tels que la communauté des biens, la destruc-
» tion des cultes, la main-morte universelle, la loi agraire en va-
» riations, les schismes religieux et autres vieilleries replâtrées.
» Pour associer il est des inventions à faire, des conditions à
» remplir ; nous allons vous les exposer, et vous n'obtiendrez la
» faculté de prédication et propagande qu'autant que vous jus-
» tifierez de moyens neufs et suffisans pour satisfaire aux condi-
» tions imposées. »

Là finiraient toutes les tartuferies philanthropiques, les billevesées de progrès imaginaire, d'association pour capter les hoiries, de mission donnée par un nouveau dieu pour s'emparer des finances et du gouvernement ; on a vu dans tous les siècles de pareils thaumaturges qui, pour régénérer la morale et sauver le peuple, veulent tout envahir : et puisque aujourd'hui leurs refrains sont l'association et le progrès, traçons les limites qu'il fallait leur assigner sur l'un et l'autre sujet, en bonne police scientifique, dont l'absence ferme l'accès aux inventions.

Conditions de l'industrie sociétaire.

1. Mécanisme d'attraction industrielle, répandant le charme et l'enthousiasme dans les cultures et les ateliers.

2. Procédés en opposition à nos méthodes, comme l'exercice en séances courtes, variées et intriguées, etc.

3. Répartition satisfaisante pour chacun, avec dividendes alloués distinctement aux trois facultés, capital, travail et talent.

4. Aggrégation la plus nombreuse, évitant les deux excès, l'encombrement et les lacunes de travailleurs. Détermination motivée du nombre convenable dont il faut se rapprocher.

5. Garantie à chacun de plusieurs travaux à option, et non d'un seul sans convenance pour l'ouvrier.

6. Application aux trois classes rétives, dites sauvages, riches oisifs, et enfans. Garantie de leur adhésion spontanée.

7. Faculté d'expérience locale et suffisance d'un seul essai pour opérer l'imitation générale.

8. Mécanisme des discords, des répugnances, des antipathies, et des inégalités utilisées par concours indirect.

9. Libre essor des passions, caractères et instincts, 215, et contrepoids aux excès, par l'affluence de plaisirs (334).

10. Concours des deux intérêts collectif et individuel, toujours opposés en civilisation. (Préface, 41.)

11. Mécanisme de participation échelonnée, élevant les moyens de jouissance en raison des inégalités de goûts (336).

12. Garantie de vérité en toutes relations industrielles, et de fortune par la pratique de la justice et de la vérité.

13. Avance d'un minimum d'entretien décent, remboursable sur les produits de l'industrie attrayante.

14. Éducation naturelle, libre, sollicitée, réciproquement attrayante et fournie à toutes les classes,

15. Concours du mécanisme sociétaire avec la restauration climatérique et les garanties sanitaires.

16. PIS-ALLER d'énorme bénéfice pour les fondateurs (les

sectes Owen et S.-Simon ne disent mot de ce bénéfice de fondation, ni des dividendes annuels).

17. Équilibre de population sans voie coërcitive. (Malthus a reproché à nos économistes leur impéritie sur ce problème.)

18. Garantie d'établissement des unités d'action en langage, poids et mesures, monnaies, alphabet (567), typographie, etc.

Si l'autorité eût astreint les sophistes en association à remplir seulement le tiers de ces conditions, aucun d'eux n'aurait osé entrer en scène; et au lieu de fabriquer des systèmes qui détournent d'étudier le problème, et qui persuadent que tout est fait sur l'association, ils auraient commencé des études sur les genres d'essais à tenter, sur les méthodes sociétaires adaptées au vœu de la nature, exemptes d'arbitraire et de monstruosités, dont fourmillent celles de Bellers, Rapp, Coombe, Wright, des moraves, des secoueurs, des owenistes, des coopératifs et des s.-simoniens.

On aurait tiré quelque fruit de ces études, car il est, en régime sociétaire, des méthodes approximatives, dont l'article suivant donnera un aperçu, et dont les prédicans, Owen et S.-Simon, n'ont pas eu la moindre idée. On pourrait tenter ces approximations sur de petites masses de trois à quatre cents; et il faut que ces deux sectes soient bien ignares en approximation sociétaire, pour que l'une, avec des essais nombreux, ait échoué partout, et que l'autre, avec une clientelle décuple du nécessaire, n'ait pas osé hasarder le moindre essai.

Nous allons voir ces soi-disant missionnaires, plus ignorans encore sur le progrès que sur l'association. L'on a tellement faussé les esprits sur ces deux problèmes, que divers ouvrages, traitant d'association, comme celui de M. de Laborde, ne contiennent pas un seul article sur le besoin d'associer l'industrie primordiale, celle de culture et ménage. Où donc l'auteur veut-il placer l'association, sinon dans le genre de travail qui est la base du mécanisme social? Si la souche de l'arbre est viciée, la tige et les rameaux seront viciés : c'est donc à la souche, au travail de culture et ménage qu'on doit appliquer le mode sociétaire.

Faut-il dire le secret de ces omissions préméditées? c'est que les philosophes entrevoient que si le procédé d'association agricole et domestique est découvert, si un essai l'introduit partout en démontrant le double avantage de bénéfice décuple et attraction industrielle, la civilisation ou industrie morcelée sera conspuée, et les cinq cent mille tomes philosophiques prônant l'industrie morcelée, le mensonge et la pauvreté, tomberont avec la civilisation, avec les fléaux qu'elle traîne à sa suite, et qu'elle déguise en progrès (495, 41).

Pour parer ce coup et donner le change au public, on lui persuade que l'esprit sociétaire ne doit s'appliquer qu'à la politique, à l'agiotage, aux controverses religieuse et administrative. On nous trompe de même au sujet du progrès réel que la cabale philosophique entrave en tout sens. Je vais en donner les preuves au deuxième article.

Nota. Dans des écrits précédens et antérieurs à juillet 1829, j'ignorais que l'Académie des sciences admettait la possibilité du quadruple produit, même en méthode civilisée, en industrie morcelée par familles. En conséquence, pour éviter le soupçon d'exagération, je réduisais à moitié, et même à quart les aperçus du produit sociétaire. Aujourd'hui fondé sur l'autorité de l'Académie, et sur les calculs de mécanique sociétaire qu'elle ignore, je peux déclarer que j'avais réduit les estimations de bénéfice au tiers et au quart de la réalité; et que le *pis-aller* pour les fondateurs sera de sextupler leur capital, et non pas de le doubler ou tripler comme je l'avais dit dans de précédens écrits, par déférence pour l'opinion qui s'irrite à la perspective de bénéfices faciles, subits et immenses.

Art. II. — PROGRÈS RÉEL, SON ÉCHELLE.

Qu'est-ce qu'un progrès dont les apôtres déclarent qu'ils veulent asservir le gouvernement, le subordonner à un conseil SUPERPOSÉ aux ministres, et tiré de leur secte? Les jacobins, en 1793, et les jésuites, au siècle passé, avaient su opérer ce genre de *progrès rétrograde,* mais ils cachaient leurs vues despotiques, au lieu de les afficher comme les s.-simoniens. Leur maître dit, dans son catéchisme, que des ministres choisis parmi les industriels aimeront cette subordination; mais nous avons eu depuis un an, et même antérieurement, des ministres choisis parmi les industriels; ils ont déclaré qu'ils veulent gouverner et non pas être gouvernés par des *superposés*. Que de démentis l'expérience donne au bon-homme S.-Simon !

Qu'est-ce que son progrès, tendant ouvertement à établir la théocratie qui est le plus vicieux des gouvernemens, et la main-morte universelle plus odieuse encore aux villageois que la dîme? Les anciens prêtres d'Égypte, qui avaient su opérer ce *progrès d'obscurantisme*, étaient au moins plus traitables que les s.-simoniens ; ils dispensaient de la main-morte et ne prétendaient pas envahir tous les héritages *par amour* pour le propriétaire qui peut leur répondre, comme Harpagon à Valère, *Bel amour vraiment, l'amour de ma cassette!* Un père moribond, que ses filles prieront de leur laisser une dot, un patrimoine, devra donc leur répondre : « Filles impies, rebelles au nouveau dieu » du progrès, n'attendez rien de moi ; je dois, pour sauver mon » âme, donner tout mon bien aux prêtres s.-simoniens qui en » feront une sage distribution. Allez trouver ces prêtres philoso- » phes, ils inspecteront vos capacités, ils jugeront si vous êtes » bonnes à quelque chose, et ils vous rétribueront selon vos » œuvres. »

Et les prédicans de ce progrès risible sont accueillis du dix-neuvième siècle, qui se vante d'avoir perfectionné la raison, perfectionnement digne des Petites-Maisons. L'autre siècle était donc insensé de demander la suppression de la main-morte !

Définissons le progrès réel : on a déjà vu que, loin de spolier les riches, il doit élever leur revenu au septuple et octuple ; et qu'au lieu de superposer aucune classe au gouvernement, il doit favoriser les travaux publics et l'action administrative par un grand accroissement d'impôts tirés des nouvelles sources de produit sociétaire.

Le vrai progrès doit faciliter l'essor des passions ; le régime s.-simonien les étouffe en tout sens ; il détruit l'affection paternelle, l'une des plus fortes qui existent ; il étouffe l'ambition et l'émulation, car quel stimulant un homme âgé trouvera-t-il dans ses travaux, quand il ne pourra rien léguer à ses enfans ou amis, et qu'il n'aura que la fâcheuse perspective d'envahissement de sa fortune par les prêtres du progrès *en rapacité?*

Il y a nécessairement un dessous de cartes dans une doctrine si absurde ; ceux qui vont l'écouter n'ont nulle envie de donner leur bien aux prêtres de nouvelle fabrique; cette doctrine est donc un masque, une intrigue dont le plan paraît être de renverser la religion catholique ou lui enlever au moins la moitié de ses sectaires, et par suite exciter des troubles, qui ménageraient aux prêtres s.-simoniens quelque moyen de s'emparer du gouvernement. En attendant, ils se créent des places d'évêques, bien payées, dit-on, par les donations de quelques dupes; il en faut de riches pour subvenir aux frais énormes de cette nouvelle mission.

Les prédicans de philanthropie ne sont communément que de la fausse monnaie, sauf rares exceptions. Veut-on se convaincre que ceux-ci n'ont aucune sollicitude pour l'humanité? il ne tenait qu'à eux de la bien servir, et d'opérer un progrès brillant, subit et pacifique, en faisant l'opération manquée par MM. Laffitte, Perrier et Ternaux, en 1826, la fondation d'une ferme d'asile et de garantie. Cette fondation très facile (511), et pouvant rouler sur un petit nombre de quatre cents, produirait aussitôt quinze mille autres fermes en France; elle extirperait et préviendrait l'indigence, elle rendrait à sa compagnie d'actionnaires, 8 pour 100 la première année, et davantage les années suivantes; il en résulterait triple progrès, celui de réforme agricole, celui de réforme commerciale (1), et le demi-degré d'attraction industrielle, prouvant la possibilité du plein degré dans un essai en grande échelle.

(1) Les s.-simoniens connnaissent mon traité, je le leur ai envoyé il y a environ deux ans; ils n'étaient alors que novices, ne sachant trop quelle bannière adopter; ils avaient voulu d'abord faire une nouvelle philosophie, comme on en voit tant chaque année; ensuite ils spéculèrent sur une religion, idée renouvelée de Lareveillère-Lépaux et Robespierre. Quelqu'un me conduisit un soir à leur séance, où on pérorait en faveur de la confession; ce sujet me parut étrange, dans un auditoire de jeunes gens dont pas un n'allait à confesse; les chefs n'y allaient pas davantage, car l'un était juif, l'autre protestant, etc.

Ne comprenant rien à cette comédie, ni à leur amalgame de deux idées qui n'ont aucun rapport, association et schisme religieux, j'en dus conclure qu'ils n'avaient point de doctrine fixe, et qu'ils en cherchaient une. (On verra plus loin qu'ils en ont changé sept à huit fois). Je me fis présenter à un de leurs papes, et le lendemain je lui adressai mon *Traité de l'association naturelle* ou *Industrie attrayante*; j'y joignis une notice où je lui indiquais le parti que sa compagnie pourrait

Mais les rusés s.-simoniens, au lieu d'aller au but, gagnent du temps, en disant qu'il faut auparavant prêcher leur doctrine tirer de cette découverte, si elle voulait réellement fonder le mécanisme sociétaire, le noyau de démonstration.

Il n'en résulta qu'un échange de lettres où le pape répondit qu'il trouvait sa doctrine sublime et qu'il y persistait. De mon côté je n'insistai pas, et je me bornai à penser : S'ils essaient une association industrielle, sans suivre ma méthode, ils tomberont à plat comme Owen ; et s'ils me la pillent en tout ou en partie, je signalerai le plagiat ; d'ailleurs ils ne manqueront pas de faire beaucoup de fautes en mécanisme d'attraction industrielle s'ils ne m'appellent pas pour inspecter les dispositions.

J'attendis vainement qu'ils opérassent, et pourtant cela leur eût été facile, car on les disait protégés par un banquier opulent. S'ils avaient fondé la ferme d'asile (511), qui n'est qu'une méthode bâtarde, insuffisante en mécanique de passions, elle aurait pu s'installer en 1830, achever sa démonstration à la fin de juin ; on aurait reconnu qu'elle rend au moins le double des cultures ordinaires, double qu'on obtient déjà en Angleterre par les méthodes connues, sans savoir l'art d'associer : aussitôt l'on aurait vu quinze mille de ces fermes d'asile s'élever en France, et par suite, en tous pays.

Cette opération enlèverait toute l'écume du menu peuple, en prenant quatre cents sur deux mille ; là finirait l'indigence, parce que le peuple vit très agréablement dans la ferme d'asile où l'on établit déjà, selon la méthode naturelle, des travaux variés à option, et exercés en courtes séances : l'excellence de la nourriture y serait une puissante amorce pour le peuple, il s'y porterait en foule, et l'admission serait faveur ; on aurait donc eu pleine facilité pour former la compagnie des quinze mille fermes, le gouvernement y aurait coopéré avec empressement pour faire une fin de l'indigence, pour être délivré de ces fourmilières d'affamés qui aujourd'hui le harcèlent sans relâche. La privation de travail n'existerait plus, car ces fermes d'asile fort agréable occuperaient sept millions de la classe la plus dénuée.

La compagnie pourrait traiter *à moitié prix* pour les travaux publics, parce qu'elle ne les ferait pas à jour fixe, mais à loisir. En se chargeant de telle portion de route à terminer sous un an, elle n'y emploierait que les jours où ses travaux seraient contrariés par la température ; alors ses ouvriers sous dais et tente mobile, abrités de la pluie, du soleil et de la bise, donneraient de temps à autre deux, quatre, six séances à la route, qui se trouverait achevée au bout de l'an. Ils seraient aidés de beaucoup de petits ménages du canton qui s'offriraient à bas prix, parce que la ferme d'asile leur donnerait de fort bons repas ; c'est une amorce puissante sur le peuple qui vit si mal dans ses petits ménages manquant de pain.

Le ministère, dans ce cas, trouverait sa convenance à traiter de tous par toute l'Europe. Vraiment ils y seraient bien reçus ! Qu'ils aillent à Madrid, Naples, Pétersbourg et Vienne, dire en chaire:

les travaux publics avec la compagnie des quinze mille fermes, qui s'en chargeant à très bas prix, gagnerait encore beaucoup. Le ministère aurait aussi l'avantage d'éviter les non-valeurs et les poursuites sur l'impôt de la classe pauvre; les vols que le besoin la force de commettre, et la plupart des crimes; car l'indigence en est la principale source.

Venons à l'estimation des bénéfices de la compagnie.

Elle cultiverait un tiers du sol, quoique n'occupant qu'un cinquième de la population; mais l'ordre sociétaire, même dans cette méthode bâtarde, ferait déjà un travail double de celui de nos paysans, en y joignant des manufactures pour les saisons de chômage agricole.

Le produit du tiers de la France étant de 2,100,000,000 fr., la compagnie obtiendrait dès la première année 4,200,000,000 fr., puis un triplement progressif qui élèverait le revenu à 6,300,000,000 fr. au bout de sept ans : ce terme étant nécessaire pour l'accroissement des vergers, le perfectionnement des animaux et végétaux, les reboisemens et assainissemens. Ainsi le bénéfice de la compagnie, en sus du double obtenu d'emblée, aurait été de 300 millions en 1831 ; 600 millions en 1832; 900 millions en 1833; et progressivement jusqu'en 1837.

En admettant qu'une telle société concédât aux ouvriers tout l'équivalent du produit actuel, 2,100,000,000 fr., ils se trouveraient colossalement riches dès la première année, car ils n'ont rien aujourd'hui ; leur journée produit quarante à soixante sous, on leur donne six à sept sous, c'est à peine de quoi ne pas mourir de faim. Le soldat n'a que cinq sous, mais il est nourri, vêtu et logé.

L'ouvrier aurait donc ce que les simoniens lui promettent dans leurs diatribes contre les fermages, les loyers, les agios perçus par des oisifs, des propriétaires, des héritiers.

D'autre part ces oisifs, loin d'être dépouillés, auraient tout ce que leur enlèvent aujourd'hui le fermier et l'ouvrier, qui absorbent au moins cinq huitièmes du produit des terres. Ainsi le propriétaire qui ne retire que trois pour cent de son domaine en retirerait huit pour cent net.

Et les frais de régence, dira-t-on? Cette gestion est très peu coûteuse, elle serait compensée dès la première année par l'accroissement progressif de 300, 600, 900 millions expliqué plus haut. Le régime combiné coûte fort peu de gestion malgré la comptabilité à parties doubles; d'ailleurs les fermes d'asile auraient bien d'autres bénéfices dont je n'ai pas parlé, entre autres celui du régime commercial véridique fort inconnu.

Dès que ce mécanisme nouveau serait démontré par un petit noyau ou échantillon de quatre-vingt familles, l'actionnaire vendrait ses actions en raison du progrès présent et futur de la richesse à en recueillir.

Telle est l'opération qu'ont manquée MM. Laffitte, Perrier et Ternaux,

« Oui, nous sommes tribuns, c'est à nous de diriger les peuples
» et les gouvernemens, changer le culte religieux, etc. » Leur
pour l'avoir envisagée à contresens, avoir voulu *créer l'effet avant
la cause*, créer une régence d'entrepreneurs en travaux publics (régence qui se serait ruinée en frais), au lieu de créer d'abord les agences
d'exécution, les fermes d'asile, dont une seule eût fait naître les
quinze mille autres.

Les s.-simoniens ont rêvé moitié de cette opération, en voulant (ou
feignant de vouloir) donner à la classe ouvrière toute la portion qu'absorbent les fermages, loyers et agios. Le vrai progrès, je le redirai sans
cesse, n'est pas de prendre aux riches pour donner aux pauvres, mais
de créer par le régime d'industrie combinée, une nouvelle masse de
produit suffisante pour satisfaire à la fois les riches et les pauvres. Les
s.-simoniens n'ont rêvé que la partie qui satisferait les pauvres, et ils
n'ont pas su la mettre à exécution, inventer un moyen. Ils sont féconds
en belles phrases, et stériles en génie inventif et en raison ; car c'est
dévier de la raison, heurter le sens commun, que de vouloir, sous des
prétextes philanthropiques, détruire la propriété et le droit de tester,
établir la main-morte universelle au profit de quelques prédicans audacieux, qui ne raisonnent que de progrès et ne connaissent aucune
des voies de progrès réel. Au lieu d'accueillir celle qui leur était offerte
par ma théorie, ils ont préféré la carrière banale des intrigues politiques,
des captations d'hoirie, le pathos superstitieux, l'ascétisme démagogique, les schismes et germes de guerre civile. C'est bien peu d'intelligence et de moralité chez des apôtres de progrès intellectuel et moral.

Au résumé, ce sont de faux frères, qui, comme Rob Owen, sacrifient
le genre humain à leur orgueil, à leur jalousie; et repoussent une invention parce qu'elle n'est pas de leur crû. On a bien raison de leur
adresser le défi d'associer selon leur méthode ; de nous montrer une
bourgade, une masse d'un millier de cultivateurs consentant à devenir
main-mortables par confiance à de nouveaux prêtres tout brûlans d'amour et de sympathie pour les héritages.

Le vice de cette jonglerie est qu'elle détourne les esprits de toutes
recherches et tentatives sur la vraie association qui est le seul remède
aux misères croissantes des industrieux, et à la pénurie fiscale de tous
les gouvernemens. Ils auraient dû enjoindre aux académies de s'occuper,
toute affaire cessante, de la solution de ce grand problème : on eût pu
en activer l'étude par une réduction progressive de 10 pour 100, 20 p.
100, 30 pour 100 par an sur le budget académique de 400,000 fr., jusqu'à
ce que la méthode sociétaire fût déterminée. Elle aurait été bien vite
découverte, car il y avait trente-deux voies d'invention (page 523).

Quant à la voie tentée en 1826 par une réunion de banquiers, elle
aurait conduit, je le répète, à triple succès, triple progrès; car la fondation des fermes d'asile, premier germe de réforme agricole et d'at-

tribunal, dans ces contrées, ne serait pas de longue durée.

Ils ont assez prêché partout où ils peuvent être admis ; l'opinion leur répond : « Faites-nous donc voir un essai pratique de » vos doctrines ; vous avez une clientelle dix fois plus nombreuse » que n'en occupera l'essai. Vous avez assez péroré, il est temps » d'agir. » Mais comment agiraient-ils ? ils sont si ignorans en mécanique sociétaire, qu'ils parlent d'associer indifféremment une ville ou un village ; ils ne savent pas que pour associer dans une ville, il faut auparavant avoir associé toutes les campagnes

traction industrielle, amène par contre-coup la réforme commerciale. Dès que ces fermes seraient organisées, elles établiraient le commerce direct et véridique par entrepôt consécutif, et personne ne voudrait traiter avec les marchands qui trompent sans cesse. Le fisc gagnerait 200 millions de rente à la réforme commerciale en France, et l'agriculture y gagnerait 1200 millions.

Ainsi, MM. L., P., T., s'ils eussent envisagé à droit-sens leur opération de 1826, auraient effectué la réforme commerciale rêvée par Napoléon, outre la réforme agricole, et la réforme morale ou régime d'industrie attrayante. Mais tant que les capitalistes s'entoureront d'économistes au lieu d'inventeurs, ils n'obtiendront jamais une idée neuve. L'esprit philosohique ne peut que fausser les facultés intellectuelles, comme on le voit sur l'association et le progrès. Les philosophes nous ont habitués sur ces deux sujets à nous repaître de mots, de controverses, d'illusions, au lieu de nous occuper des choses, des moyens d'exécution à découvrir.

Je viens d'indiquer l'échelon bâtard ou degré le plus bas en progrès sociétaire, le mode incomplet, mixte, voie de transition et d'ambigu. S'il existait parmi les s.-simoniens quelque philanthrope, il aurait opiné à essayer au moins ce mode bâtard, dont les bénéfices matériels, pour l'actionnaire et l'ouvrier, ne peuvent exciter le moindre doute. Mais ces messieurs veulent servir la classe ouvrière en belles paroles, et ne servir en réalité qu'eux-mêmes : tout autre qui aurait moitié de leur clientelle saurait dès le mois suivant fonder la vraie association, et l'on doit les mettre au défi, les presser vivement sur ce délai d'épreuve sociétaire, appliquée au travail de culture et de ménage ; ce sera le moyen d'arriver bien vite au dénouement de leurs comédies philanthropiques et ascétiques. Leur essai tombera comme ceux d'Owen, s'il ne se rapproche pas de la méthode des séries passionnées et des courtes séances ; et s'il réussit par cet emprunt, leur mission sera convaincue de charlatanerie, le plagiat sera constaté, malgré les formes mystiques et monastiques dont ils tâcheront de s'envelopper, pour cacher leur tactique de corsaires, que tant d'autres leur ont reprochée avant moi. Je reviendrai sur ce sujet, au 3e article.

d'alentour. On ne peut pas associer des fabricans isolément, ils n'ariveraient ni à l'attraction industrielle ni aux accords en répartition.

D'autres sophistes nous leurrent aussi d'une perspective de PROGRÈS; c'est un mot à la mode, comme *sympathie, association, moi-humain, ecclectisme, rationalisme, industrialisme.* Chacun s'empare de ces mots en vogue, chacun y coud quelque système de progrès rapide et vol sublime vers le perfectionnement de la perfectibilité, et vers la perfectibilisation du perfectibilisantisme de civilisation perfectible.

En réplique à ces illusions, je demande qu'est-ce que le progrès d'un état social qui, accumulant mille théories sur la richesse des nations, parvient, à force de travail, à conduire les deux tiers de ses habitans à la famine? Vingt-deux millions de Français, à 6 sous et demi par jour, sont réduits à envier le sort du sauvage et de l'animal qui, jouissant de la liberté et de l'insouciance, prennent leur subsistance où ils la trouvent, et ont parfois de bonnes aubaines à la chasse; le sauvage et l'animal ne sont point placés entre la famine et le gibet, comme nos salariés; ils ne courent pas le risque d'être envoyés à l'échafaud s'ils osent demander le travail nécessaire à leur subsistance; ils ne sont point condamnés par le corps social à périr de privations et de mort lente, eux et leurs enfans, sans avoir le droit de se plaindre de l'abandon où notre civilisation laisse la classe pauvre qu'elle fait enfermer dans des bagnes ou dépôts de mendicité, vraies galères sous un autre nom.

Autrefois les philosophes avaient la modestie d'avouer que la société civilisée était un abîme d'injustice et d'oppression, que ses systèmes de perfectionnement n'étaient qu'un labyrinthe, qu'un cercle vicieux reproduisant les mêmes abus sous diverses formes, et qu'il fallait s'étourdir sur tant de misères et d'impéritie. Écoutons, sur ce sujet, les écrivains célèbres.

Montesquieu. Nos sociétés sont atteintes d'une maladie de langueur, d'un vice intérieur, d'un venin secret et caché.

J. J. Rousseau. Ce ne sont pas là des hommes, il y a quelque bouleversement dont nous ne savons pas pénétrer la cause.

Byron. La vie humaine (vie civilisée) est une fausse nature, elle est hors de l'harmonie universelle.

Barthélemy. Ces bibliothèques, prétendus trésors de lumières, ne sont qu'un dépôt humiliant de contradictions et d'erreurs.

Staël. Les sciences incertaines ont détruit beaucoup d'illusions sans établir aucune vérité; on est retombé dans l'incertitude par le raisonnement, dans l'enfance par la vieillesse.

Socrate. Ce que je sais, c'est que je ne sais rien, j'espère qu'un jour la lumière descendra.

Voltaire.
Montrez l'homme à mes yeux, honteux de m'ignorer,
Dans mon être, dans moi, je cherche à pénétrer;
Mais quelle épaisse nuit voile encor la nature!

Racine.
Je ne sais, de tout temps, quelle injuste puissance
Laisse le crime en paix et poursuit l'innocence;
De toute part, sur moi, si je jette les yeux,
Je ne vois que malheurs qui condamnent les dieux.

J.-B. Rousseau.
Et l'aride vertu limitée en soi-même,
Que sert-elle, qu'à rendre un malheureux qui l'aime,
Encor plus malheureux?

A cette modestie des écrivains passés, a succédé un système de gasconnades en perfectibilité, en marche rapide et vol sublime vers une richesse des nations à 6 sous par jour. Un progrès d'industrialisme qui échoue honteusement sur deux écueils, sur *l'exubérance de population* débordant la production; et sur *la concurrence outrée* d'une fourmilière de prolétaires qui se disputent le travail, le font tomber au plus vil salaire, et le rendent infructueux par impuissance d'en acheter et consommer les produits. Peut-on voir quelque sagesse dans un système social où l'oisif regorge de denrées, se lamente sur ce que ses greniers et ses celliers sont encombrés, tandis que la masse du peuple industrieux est affamée, ne s'occupe qu'à prévenir un appétit qu'elle ne peut pas satisfaire.

L'aspect de ces ridicules sociaux, de cette pléthore industrielle, engendre les sectes péjoratives comme les s.-simoniens et owenistes, qui, avec un masque philanthropique, tendent à bouleverser l'état sous prétexte de secourir le peuple. Toutes ces sectes n'ont pas d'autre cheval de bataille que la misère du peuple; elles savent que le remède serait l'association qui quadruplerait et décuplerait le produit, elles promettent l'association sans savoir en inventer le mécanisme; et leur jonglerie est favorisée par l'apathie des gouvernemens qui ne veulent pas, sur cet important problème, ouvrir un concours de plans, comme on en ouvre chaque jour sur des objets de détail, sur le type des pièces de 100 francs, sur la statue de Napoléon ou autre.

Pourquoi ne pas ouvrir de même un concours sur la plus précieuse des connaissances à acquérir, sur l'art d'associer des masses de cultivateurs, et de sextupler par cette réunion le produit de leur industrie; le décupler en joignant au bénéfice d'action unitaire, le bénéfice à recueillir de l'attraction industrielle, gage de célérité et de dextérité? Tant qu'on différera à ouvrir ce concours sur le vrai progrès et assurer l'accès aux inventeurs, on sera sous le joug des histrions de progrès et d'association qui promettent au siècle tout ce dont il a besoin, et qu ine luidonnent que des fumées de perfectionnement sans aucun moyen réel et vraiment neuf.

J'entends répliquer : « Il existe des sociétés qui peuvent exa-
» miner les découvertes, et qui affectent même de beaux prix aux
» inventions; » oui, la société d'encouragement de l'industrie affiche une offre de prix montant à 160,000 fr. sur des inventions matérielles, mais elle ne donnera pas une obole pour des inventions qui porteraient ombrage aux quatre sciences fausses dites moralisme, politique, métaphysique, économisme. Elle étouffera toute théorie qui démasquerait les fausses lumières des philosophes. Quel moyen d'annonce reste-t-il à un inventeur? les journaux sont une voie trop coûteuse, il faudrait pour annonce suffisante, y acheter pour 3,000 fr. de lignes à 120 fr. le cent. Quant au comité des découvertes, il protège avec éclat les inventions de colifichets, les perruques philogènes, les pommades philocomes, etc., mais il se gardera bien d'accueillir une invention qui compromet la philosophie.

La jalousie académique va jusqu'à éconduire les découvertes en matériel; n'a-t-on pas vu les Papin, les Fulton, les Lebon éliminés de Paris, et repoussés par tous les corps savans? Les académies sont encore aussi obscurantes qu'elles l'étaient au temps de Colomb et de Galilée : une ligue secrète des philosophes travaille à donner le change sur les inventions nécessaires, elle nous repaît de verbiages sur l'association et le progrès, sans nous donner rien de positif en l'un et l'autre genre. J'ai démontré leur ignorance en matière d'association, je vais la démontrer méthodiquement sur ce qui touche au progrès.

Pour en expliquer la marche, il faut faire usage de deux échelles, celle des périodes et celle des phases.

ÉCHELLE DU PREMIER AGE DU MONDE SOCIAL.

Échelons de fausseté. *Échelons de justesse.*

2. Sauvagisme, inertie.   1. Primitive dite Eden.
3. Patriarchat, moyenne culture.   6. Garantisme, demi-association.
4. Barbarie, grande culture.   7. Sociantisme, association simple.
5. Civilisation, sciences, arts.   8. Harmonisme, assoc. composée.

Les périodes 6, 7, 8, formant l'état juste, la vraie association, les trois degrés d'industrie attrayante, sont encore à naître ; nos philosophes, avec leurs jactances de progrès, n'envisagent le mouvement qu'à rebours, et croient que l'échelon 5, nommé civilisation, est le dernier terme de la carrière sociale ; il n'est que dernier terme de l'état faux où industrie répugnante et mensongère, culture morcelée par familles.

Faisons, d'après ce tableau, le procès aux quatre sciences philosophiques. Elles proclament l'existence de l'analogie, et ne veulent pas y croire ; écoutons un de leurs oracles :

« L'univers est fait sur le modèle de l'âme humaine, et l'a-
» nalogie de chaque partie de l'univers est telle que la même idée
» se réfléchit du tout dans chaque partie, et de chaque partie dans
» le tout. » SCHELLING.

Rien n'est plus vrai que ce principe d'où il faut conclure que si le monde matériel est sujet à deux mécanismes, *combinaison planétaire* et *incohérence cométaire*, le monde social doit, PAR ANALOGIE, être sujet à deux mécanismes, celui d'industrie combinée et celui d'industrie incohérente ; sans cette dualité d'essor, sans cette double destinée de justesse et fausseté en mécanisme social, il n'existerait point d'analogie entre les deux mondes matériel et social, point d'unité dans le système de l'univers.

Je passe aux détails généraux sur les deux classes de sociétés justes et fausses. Dans l'ancien continent, les races créées par les 30 à 40 degrés de latitude nord, vécurent deux à trois siècles dans un état heureux, dont il est resté des traditions confuses sous le nom de *Paradis terrestre, Eden*, etc. Des circonstances qui durèrent peu avaient établi le régime des séries de groupes ou état sociétaire ; il tomba par l'excès de population et autres causes ; il en est resté des traditions très dénaturées, parce que les grands et les prêtres avaient intérêt à ce qu'on oubliât ce bonheur passé qu'on ne pouvait pas réorganiser, et dont les souvenirs jetaient le peuple dans l'apathie et le dégoût de l'industrie.

Au sortir de cette première période juste, l'humanité entra dans l'échelle du faux, dans les échelons 2, 3, 4, 5, tous existans, et dont l'un, l'état sauvage, atteste par son refus d'adopter l'agriculture que le système industriel des civilisés barbares et patriarcaux est une méthode contre nature. Quand on présentera aux sauvages le mécanisme des périodes 7 et 8 organisées en séries passionnées, ils y adhèreront à l'instant ; mais ils n'accepteraient pas encore le mécanisme de la sixième période, état des garanties solidaires ou demi-association. Cet état, quoique déjà très heureux en comparaison des misères civilisées, n'a pas encore les ressorts d'attraction suffisante pour entraîner passionnément les hordes sauvages.

L'organisation de la période 6 emploierait de cinq à six ans pour les développemens d'initiative, et plus de cent ans pour l'avènement au plein. La période 7 s'organiserait pleinement en quatre ans. Quant à la période 8, qui est la plus heureuse, elle s'établira avec la rapidité de l'éclair : sitôt après la démonstration qui s'exécute en six semaines, tout le genre humain mettra la main à l'œuvre pour les dispositions, et l'année suivante on ne verra plus ni civilisés, ni barbares, ni sauvages. On aura franchi les périodes 6 et 7 qu'il est bien inutile d'organiser, puisque l'échelle des progrès et des destinées est découverte en entier, et que nous avons l'option sur les périodes heureuses *du premier âge social*.

Je ne parle pas ici des autres périodes 9, 10, 11, etc., l'échelle générale est de trente-deux, plus deux pivotales ; il est inutile de s'en occuper, puisque nous ne pouvons pas dépasser la huitième période avant d'avoir reçu un nouveau mobilier, de nouvelles créations. C'est parmi nous un plaisant préjugé que de croire qu'une planète qui a fait des créations n'en pourra pas faire d'autres ; autant vaudrait croire qu'une femme qui a fait un enfant n'en pourra pas faire un deuxième, un troisième, ou qu'un homme qui a planté un verger n'en pourra pas planter d'autres.

C'est de même un préjugé bien honteux chez un siècle tendant au progrès, que de croire la carrière sociale bornée aux quatre échelons existans, sauvage, patriarcal, barbare et civilisé : si nos passions peuvent comporter quatre mécanismes, pourquoi n'en comporteraient-elles pas huit et douze ? On pourrait nous croire parvenus au terme des destins sociaux, si tout le genre humain était rallié à une seule méthode, s'il était tout entier civilisé ; mais quand on voit les trois autres sociétés répugner obstinément la civilisation, et chacune des quatre haïr les trois autres, il est évident qu'aucune des quatre n'est le destin de l'humanité, et que le progrès en bien ne pourra s'établir que par invention et introduction de nouveaux mécanismes sociaux moins malheureux, moins vexatoires.

C'est à quoi n'ont pas songé nos philosophes. Rousseau et autres qui confessaient l'insuffisance de la civilisation, crurent qu'il fallait rétrograder, retourner à l'état sauvage ; non, le mouvement doit avancer, sortir de l'échelle fausse et rentrer dans l'échelle juste, par avènement aux périodes 6, 7 et 8. L'état sauvage que les philosophes ont pris pour nature primitive, n'est primitif qu'en échelle de fausseté ; mais il avait été précédé d'une société primitive en justesse, et au cadre de laquelle il faut revenir, en se ralliant au mode naturel d'industrie, aux séries de groupes contrastés.

Toutefois J.-J. Rousseau a eu grandement raison de dire *qu'une civilisation long-temps prolongée, augmente tous les vices en les raffinant.* Le journal s.-simonien, *le Globe,* accuse Rousseau de misanthropie sur cette opinion ; l'on est misanthrope en civilisation quand on dit la vérité. Nous allons démontrer par l'échelle des phases, que Rousseau a fort bien caractérisé la société péjorative nommée *civilisation.*

Chacune des périodes sociales, mentionnées au tableau précédent, se subdivise en quatre phases et deux semi-phases distinguées par des caractères fixes. Je vais donner pour exemple un tableau des six phases et semi-phases de la civilisation.

25 A AMBIGU : Barbares studieux, les Chaldéens ;
    Tolérans en amour, les Japonais.

26 B 1ʳᵉ *phase*, ENFANCE : Monogamie, droits civils de l'épouse;
   Grands vassaux fédérés, esprit chevaleresque.
27 C 2ᵉ *phase*, ADOLESCENCE : Priviléges communaux, affranchissement
   progressif des serfs, système représentatif.
28 D APOGÉE : Art nautique, déboisement, emprunts fiscaux.
29 E 3ᵉ *phase*, VIRILITÉ : Esprit mercantile et fiscal, concurrence anarchique en industrie, lutte de fourberie.
30 F 4ᵉ *phase*, CADUCITÉ : Féodalité commerciale, envahissement du
   fonds par les compagnies d'usure fédérale.

On peut voir, 458, une distinction plus détaillée de ces six phases et de leurs caractères; l'analyse de la civilisation est ébauchée dans les douze chapitres 41ᵉ à 52ᵉ; on y désigne les caractères permanens, successifs et autres. Ce travail n'avait jamais été fait, l'ébauche que j'en donne fournirait matière à plusieurs volumes.

Chaque période ayant six phases, dont quatre pleines et deux d'apogée et d'ambigu, les quatre périodes antérieures à la civilisation forment une échelle de vingt-quatre phases; de là vient que j'ai numéroté celles de civilisation, 25, 26, etc. Nous sommes à la vingt-neuvième phase du mouvement social qui est troisième de civilisation. Nos nouveaux dieux du progrès, les Owen, les S.-Simon, n'ont pas même su inventer la quatrième phase civilisée, encore moins les phases de la période n° 6 où l'on ne peut s'élever que par la réforme agricole, dont MM. Laffite, Périer et Ternaux manquèrent la voie en 1826; ou par la réforme commerciale que rêva Napoléon, sans pouvoir imaginer un moyen d'exécution.

Les tentatives actuelles de progrès prétendu sont des rétrogradations; l'esprit démocratique est caractère de deuxième phase civilisée; ainsi le libéralisme tend à nous ramener de la phase 29ᵉ à la 27ᵉ; c'est le progrès de l'écrevisse. Les libéraux, pour se faire valoir, accusent les absolutistes qui veulent nous ramener à la féodalité, phase 26ᵉ, plus basse encore que la 27ᵉ; mais les absolutistes ne se donnent pas pour dieux du progrès, ils avouent franchement qu'ils veulent rétrograder en 26ᵉ phase, parce qu'ils sont épouvantés des agitations démocratiques auxquelles est sujette la 27ᵉ phase où tend le libéralisme. Il n'y a donc de différence entre ces deux partis qu'une rétrogradation plus ou moins grande. Les libéraux, dès qu'ils sont arrivés au pouvoir, adoptent le lendemain toute la tactique de ceux qu'ils ont dépossédés en les accusant de despotisme; on en a vu vingt fois la preuve; ils sont donc sciemment et intentionnellement rétrogradateurs.

Le moindre pas en progrès serait de s'avancer à la quatrième phase de civilisation, n° 30, la féodalité commerciale et usuraire; elle s'établit par les monts-de-piété communaux d'où naît le monopole indirect du commerce, et l'envahissement de moitié des propriétés en une génération. Il est surprenant que nos subtils spéculateurs n'aient pas su inventer ce coup de filet; ils n'ont su que dévorer l'avenir du revenu, mais non pas le fonds : ils sont petits dans le crime.

Le 4° phase de civilisation, 30° de l'échelle, est un ordre si dégoûtant de scélératesse, que je n'ai pas osé le décrire au traité; je l'ai dissimulé en donnant, sous ce nom, un aperçu des phases 31° et 32°, qui seraient l'ambigu et la 1re phase de la période 6°. Au reste, malgré ses vices, la 30° phase serait un progrès réel et utile en ce qu'elle conduirait bien vite à la 31°; tandis que la 29° où nous sommes est une espèce d'impasse qui ne conduit qu'à des rétrogradations et qu'à une grande corruption, un progrès en vices. J'ai cité, 498, une collection de vingt-huit caractères de dégénération récemment éclos.

La phase 31°, l'ambigu de civilisation et garantisme, peut s'établir de deux manières: ou en mode simple par la réforme commerciale, opération qui durerait six ans, et dont les s.-simoniens n'ont aucune idée, car ils prônent les légions de boutiquiers parasites; ou en mode composé par le germe de réforme agricole, la ferme d'asile qui serait un moyen plus prompt, plus efficace; ladite secte n'en a pas non plus de notion, car elle ne s'occupe que de sermons et d'intrigues politiques, lorsqu'elle a des moyens plus que suffisans pour former une compagnie actionnaire qui fonderait avec grand bénéfice le germe de progrès réel, la ferme d'asile. Si cette secte ignore pleinement les routes des phases 30 et 31°, elle ignore d'autant plus les phases 32°, 33° et suivantes, jusqu'à la 44° ou 1re phase d'harmonisme qui est l'échelon où nous pouvons nous élever immédiatement.

J'ai classé bien distinctement les échelons de progrès et de déclin; il est maintenant évident que tous ceux qui nous bercent de progrès sont des histrions littéraires qui ne savent pas même distinguer les voies de progrès ou de déclin, et qui spéculent sur l'ignorance générale en pareille matière, sur la cataracte dont les esprits civilisés sont affligés en étude des destinées, où ils n'ont pas encore fait le premier pas, puisqu'ils n'ont pas su entrevoir la dualité du destin social, l'ordre juste et l'ordre faux. Ils croient que l'état sauvage est état de nature; oui, de nature fausse; il est ce que la chenille est au papillon, ce que la comète est à la planète, il est point de départ en carrière du mal.

Mais pourquoi Dieu nous a-t-il assujétis à parcourir cette longue carrière de misères, de souffrances, avant d'arriver à la destinée heureuse ? C'est que pour l'organiser solidement il faut avoir créé la grande industrie, les sciences et les arts qui existaient déjà dans Athènes. Il restait à découvrir le calcul des destinées heureuses, du mécanisme sociétaire; mais les Grecs s'engagèrent dans les mauvaises études, dans la philosophie incertaine : chacune de ses quatre branches négligea et néglige encore la tâche qui lui est affectée :

Aux *moralistes*, l'analyse de la civilisation.
Aux *politiques*, la théorie des garanties solidaires.
Aux *économistes*, — des approximations sociétaires.
Aux *métaphysiciens*, — de l'attraction passionnée.
A *tous*, — de l'analogie universelle.

Ce refus d'études, fait par les philosophes, est cause que le monde social est resté deux mille cinq cents ans de trop dans la carrière du mal, dans les horreurs de la civilisation où on lui promet le progrès, pour l'abuser sur ses misères et sur la perfidie de ses faux savans qui ne veulent étudier aucune des sciences intactes et vierges, quoiqu'ils s'imposent la règle d'explorer en entier le domaine de la science.

Une particularité remarquable en fait de progrès, dans le dix-neuvième siècle, est que les barbares en ont fait plus que nous, car on les voit de toute part s'élever à la 4e phase de barbarie; ils n'étaient qu'en 3e, et depuis que le pacha d'Égypte a franchi le pas, adopté la tactique militaire disciplinée, on les voit tous l'imiter. On a même cru, il y a dix ans, que l'Égypte allait se civiliser : on est si ignorant sur les caractères des périodes et des phases, qu'on prend tout progrès pour une civilisation.

La société barbare a ses six phases comme toute autre ; si elle s'élève de l'un à l'autre, ce n'est pas sortir du cadre de barbarie.

Nos politiques sont si étrangers à la science des caractères sociaux, qu'ils nous donnent pour région civilisée la Chine, société mixte des trois périodes patriarcale, barbare et civilisée, dont elle amalgame divers caractères en dose à peu près égale. Pour analyser la civilisation, ses phases pures ou mixtes, ses progrès ou déclins réels, il faut savoir discerner ce qui est caractère des périodes inférieures, barbarie, etc., et des supérieures, garantisme, etc. Nous avons déjà anticipé sur la période 6e, celle des garanties, par une cinquantaine de caractères d'emprunt dont le plus fort est le régime des monnaies, régie fiscale à double contrepoids, mode juste et opposé en tous sens à la concurrence mensongère et complicative du système commercial. La civilisation tend donc par le fait à échapper à elle-même; l'instinct l'engage peu à peu dans des voies ultra-civilisées qu'elle prend pour des progrès en civilisation, tant ses jugemens sont ténébreux sur tout ce qui touche au progrès. J'en trace ici l'échelle en quinze phases à option, et je n'y mentionne pas la 3e phase de civilisation, car nous y sommes : le progrès ne peut porter que sur ce qui la suit, savoir :

La 4e phase de civilisation. . . . . n^os   30 ;
4 phases et 2 semi-phases de garantisme. . . .   31 à 36 ;
4 phases et 2 semi-phases d'association simple. .   37 à 42 ;
Ambigu et 1re phase d'association composée. . .   43 à 44 ;
Total 15 phases sur lesquelles nous pouvons choisir.

La doctrine du progrès doit expliquer les caractères de chacune de ces phases, le temps qu'on emploierait à les établir, et les méthodes les plus faciles pour passer à chacune des phases. Questionnez sur cette échelle nos soi-disant oracles de progrès, les s.-simoniens et owenistes, ils ne sauront que répondre, ils escobarderont, ils divagueront sur l'homme moral, l'homme intellectuel.

Une de leurs inconséquences est de vouloir progresser, sans sortir de la civilisation, carrière presque épuisée : il n'y reste à parcourir que la 4e phase ; ils ignorent que tout progrès dans le cadre de la civilisation cause des troubles, des froissemens violens. L'avènement de cette société à la 4e phase ou féodalité industrielle, mécontenterait toute la petite noblesse, les petits propriétaires, et six cent mille familles de marchands; elles se trouveraient congédiées par concurrence. Tout le commerce et moitié des immeubles seraient envahis *sans violence*, par une manœuvre de concurrence usuraire que feraient les olygarques industriels, banquiers, hommes à portefeuille et grands propriétaires. Ainsi tout progrès ou déclin en civilisation est cercle vicieux, froisse beaucoup de classes, cause des troubles, des persécutions. C'est une société malencontreuse qui ne peut pas se mouvoir sans douleur, soit en progrès, soit en rétrogradation.

Le progrès ne devient facile et doux qu'autant qu'on sort du cadre de civilisation pour passer à l'une des quatorze phases ultra-civilisées de l'échelle précédente. Dès lors, quelle est l'inconséquence de nos oracles de l'avenir qui veulent, en fait de progrès, se fixer à la civilisation sans en sortir; contradiction d'autant plus choquante que dans leurs théories libérales, ils rêvent la plupart des propriétés et bienfaits de la sixième période sociale, celle des garanties solidaires; mais ils veulent établir ces garanties avec des ressorts civilisés; c'est imiter celui qui voudrait faire croître des œillets en semant des graines de chardon.

Tel est le fait des libéraux; aussi sont-ils dupes de toutes les révolutions qu'ils font; ils s'en plaignent amèrement, et c'est leur faute; ils ne sont libéraux qu'en rêve; il faut le devenir en théorie, étudier les ressorts du vrai libéralisme qui conduit au but sans obstacle, sans aucune lutte avec les gouvernemens ni avec les religions, mais il sort du cadre de civilisation; il entre dans les périodes de l'échelle juste. Le progrès réel n'opère que sur les quatre branches de l'industrie, et par des moyens conciliants qui servent les vues de tous les gouvernemens. Les libéraux m'ont quelquefois reproché de ne pas écrire dans leur sens; j'ai répondu, c'est que je possède la science que vous rêvez; j'enseigne les voies de fortune pour la masse entière, et vous, avec des intentions louables pour le bien du peuple, vous n'employez que des ressorts d'agitation dont vous êtes souvent les premières victimes, et dont vous ne connaissez pas la portée.

Une preuve saillante de cette ignorance est l'apologie que font les philosophes du système de libre commerce ou concurrence mensongère, qu'ils nous donnent pour voie de progrès.

social. J'ai dressé un tableau de soixante caractères criminels du commerce ; un seul, la *falsification* des denrées, va prouver que le système de libre concurrence, dénué de contre-poids, est ennemi du peuple et voie de déclin ; examinons.

Depuis le nouveau siècle on voit en fourberie et falsification un progrès effrayant, et qui froisse en tout sens les classes inférieures : farine mélangée de gravier, de sable, etc. ; pain vicié par de nouveaux procédés vénéneux, d'invention des chimistes, et en outre mêlé de pommes de terre et tricherie ; vin composé de cent sortes de drogues ; eau-de-vie d'esprit dédoublé, et malfaisante ; huile mélangée ; vinaigre de bois ; laitage trois fois falsifié avant la vente ; bouillon faux de gélatines et autres substances ; café mêlé de chicorée ; sucre de betterave qui rancit les dragées, fait couler les confitures et n'a aucun mordant ; viande infectée par les marches forcées ; fausses drogues médicinales ; faux parfums ; fausses teintures changées au bout d'une semaine ; faux tabac mêlé de verre pilé, etc. ; cuirs défectueux qui se coupent le second jour et laissent la chaussure ouverte.

Si je descendais aux détails, vingt pages ne suffiraient pas : nos progrès en colifichets dédommagent-ils de ce déclin réel, de ces fourberies nouvelles qui pèsent sur le peuple ? car la classe riche y échappe, elle obtient de bonnes denrées à grands frais ; mais le peuple est de plus en plus victime des astuces mercantiles. La fraude s'est étendue jusque dans les hameaux, et nos progresseurs, nos oracles de l'avenir ont le front de vanter ces boutiquiers, engeance malfaisante qui ne s'exerce qu'à inventer de nouvelles fraudes. S.-Simon veut qu'on leur livre les finances, qu'on leur donne à table et dans les salons la place d'honneur.

Ces radotages qu'on aurait peine à croire si on ne les voyait pas imprimés dans le catéchisme s.-simonien, prouvent l'ignorance de sa secte sur ce qui touche au progrès industriel et social ; elle suit la tactique des moralistes, elle flatte les vices qu'elle voit dominans, le commerce mensonger ou concurrence individuelle qui est un océan de vices. Je n'en ai cité qu'un sur soixante : ils naissent l'un de l'autre ; ainsi la falsification engendre *l'oppression de l'agriculture ;* le commerce de France vend, année commune, pour 60 millions d'eau déguisée en vin ; c'est engorger une masse de vins de 60 millions qui reste dans les celliers du cultivateur ou du propriétaire.

A cette lésion de 120 millions, dont moitié rapine, moitié engorgement, se joint la lésion du dégoût ; beaucoup de familles sont rebutées par le frelatage malfaisant, et renoncent au vin ; c'est encore 100 millions de moins en débouché du produit.

Des hommes, qui tendraient sincèrement au progrès, mettraient au concours l'invention d'un nouveau mécanisme commercial fournissant garantie de vérité. Il en est trois de ce genre, affectés aux trois sociétés de progrès à venir que ne connaissent pas les s.-simoniens ; l'introduction d'un de ces mécanismes de vérité commerciale serait un changement très heureux, un progrès bien réel. La société, n° 8, qui aura pour le moins vingt fois plus de commerce que n'en a la civilisation, verrait ses relations entravées à chaque instant, si elles étaient sujettes à l'astuce du vendeur qui, dans le mode actuel, se trouve intéressé à tromper la masse des acheteurs. Notre système commercial est *une lutte de l'intérêt individuel contre le collectif;* il faut un mode qui fasse coïncider les deux intérêts. Trois systèmes commerciaux conduisant à ce but, sont affectés, je l'ai dit, aux sociétés 6, 7 et 8.

En 6ᵉ l'entrepôt trinaire concurrent ;
En 7ᵉ la consignation successive ;
En 8ᵉ les compensations anticipées.

Les sectes S.-Simon et Owen ignorant ces méthodes de commerce véridique, ne peuvent avoir aucune notion exacte en progrès, car c'est dans l'industrie qu'il faut l'introduire. Il faut en associer les quatre fonctions, culture, ménage, manufacture et commerce, de manière à subordonner le commerce aux intérêts des trois autres dont il doit être le valet, et dont il est aujourd'hui le tyran, surtout de l'agriculture qu'il dépouille de capitaux et qu'il entrave en tous sens.

Notre siècle est si fécond en publications de crimes des rois, des papes, des reines, des corporations, même des fédérés qui n'ayant existé qu'un mois en 1815, n'ont pas eu le temps de commettre beaucoup de crimes. Comment ne s'est-il trouvé aucun écrivain qui ait entrepris de publier les crimes du commerce ?

On en formerait un ample et piquant ouvrage : certains crimes de genre, comme la banqueroute, peuvent fournir en sous-crimes, jusqu'à cent espèces ; j'en ai donné, au traité de 1822, un tableau méthodique de quarante, classées en trois divisions de genre, et douze d'espèce. Les falsifications, les menées d'agiotage, fourniraient des sections copieuses. Un tel ouvrage, en conduisant à suspecter le commerce, aurait ouvert une belle voie de progrès réel ; mais la philosophie ne sait qu'encenser les crimes heureux ; et si la 4ᵉ phase de civilisation eût été inventée, organisée avec son attirail de crimes grandioses, de rapines en grande échelle, on aurait vu la morale, selon son usage, fléchir le genou devant le nouveau système de crimes, et prouver, l'encensoir à la main, que cette éruption de scélératesse fédérale était un progrès bienfaisant de l'esprit humain dans la carrière de l'association, une marche rapide vers la région des perfectibilités de civilisation perfectible.

Signalons bien cet écueil en progrès, ce risque d'avènement à la phase 30ᵉ de l'échelle, et 4ᵉ de civilisation où l'on pourrait végéter et souffrir un siècle encore, car cette phase ne serait pas de longue durée : il est inconcevable que les capitalistes n'aient pas imaginé cet envahissement qui rendrait au moins 10 pour 100 aux actionnaires, et qui présenterait la rapine sous un côté moral ; la morale est si souple pour blanchir les vices dominans ! On a su faire admettre une ferme de jeux et loteries, on pourrait bien mieux motiver une ferme d'usure fédérale, établissant trois mille comptoirs en France, et prêtant sur hypothèque au cultivateur, au-dessous du taux des usuriers campagnards qui exigent communément 12 et souvent 20 pour 100. Chacun des trois mille comptoirs aurait, outre son mont-de-piété et sa banque, une ferme disciplinée pour occuper les pauvres du canton, et un magasin commercial d'entrepôt.

Passant sur les détails d'organisation, je me borne à dire que cette innovation changerait toute la face du mécanisme civilisé ; elle formerait une ligue de hauts-fermiers semblable à celle des anciens grands vassaux, ligue qui effectuerait tous les envahissemens que méditent les s.-simoniens (hors celui de main-morte qui est caractère de 1ʳᵉ phase et non de 4ᵉ). La nouvelle olygarchie usuraire s'emparerait du commerce et des finances ; elle serait plus puissante encore que celle des olygarques anglais qui tiennent le roi en tutelle. Du reste elle établirait des mœurs bien serviles, bien inquisitoriales comme jadis à Venise. Le peuple et la bourgeoisie seraient encore mieux musclés qu'aujourd'hui.

Telle serait la civilisation perfectible; elle n'a pas d'autres progrès de perfectionnement à tenter sur elle-même, que d'organiser la 4ᵉ phase, aussi odieuse que les trois autres, mais mieux fardée de morale, renforcée en hypocrisie. Tout autre progrès qui mènerait aux 31 et 32ᵉ phases de l'échelle précédente, serait ISSUE de civilisation et non pas perfectionnement de cette société. L'on voit par là qu'il n'est pas de mot plus vide de sens que celui de *civilisation perfectible* : cette société est un ulcère social qui ne peut, comme l'a dit Rousseau, que raffiner tous les vices, en quelques phases ou mixte de phases qu'elle se développe. Ses tentatives de perfectionnement sont le supplice de Sisyphe qui traîne son rocher au sommet de la montagne, et retombe quand il croit toucher au but : ainsi s'évanouissent toutes nos chimères de progrès. La civilisation n'est pour les peuples qu'une variété de supplices : loin de ce vol sublime dont elle se vante, sa marche traînante est celle de l'Aï dont chaque pas est compté par un gémissement.

On réplique, la barbarie serait pire encore : pas pour la multitude. Les quatre sociétés de l'échelle fausse peuvent rivaliser d'infamie et de malfaisance; elles sont un véritable enfer social : on a beaucoup glosé sur l'existence de l'enfer ; il est certain qu'un enfer existe, cet enfer c'est l'état d'un globe qui ignore le code sociétaire composé par Dieu et qui languit sous les lois vexatoires des philosophes et des conquérans ; cet enfer, c'est l'état civilisé, barbare et sauvage, qui a vomi sur la terre plus de calamités que les anges de ténèbres n'en pourraient inventer.

Pour sortir de cet abîme, sachons faire d'un seul pas quadruple progrès, échapper à quatre piéges de la philosophie.

1° Progrès EN RELIGION : Reconnaissons l'universalité de la Providence, 417, l'existence nécessaire d'un code sociétaire composé par elle pour notre industrie : n'en a-t-elle pas composé pour les insectes bien moins dignes de sa sollicitude? Il fallait donc chercher ce code nié par les Titans législatifs, par les philosophes qui veulent usurper la plus haute fonction de Dieu, la direction du mouvement social.

2° Progrès EN PRUDENCE : Quelle est notre étourderie de croire à une science qui n'a pas confiance à elle-même ! Écoutez son patriarche moderne, KANT: « La philosophie ne serait-elle qu'un fait fortuit dans l'histoire de l'esprit humain, une science fausse comme l'astrologie, frivole et périssable comme le blason ? En vérité, il serait dur de le penser, et pourtant il faut le penser si l'on doit croire les bons esprits (cités ici pages 31 et 32). » Fuyons donc ce guide trompeur, et rallions-nous à la nature, à Dieu, à l'ATTRACTION dont le calcul par analyse et synthèse nous révèle les dispositions du code sociétaire divin.

3° Progrès EN DIRECTION : Suivons celle qui est opposée aux voies trompeuses de la philosophie : elle veut depuis trois mille ans porter la réforme dans le système administratif et religieux ; ne nous occupons que de la réforme industrielle, que d'introduire le régime combiné et véridique dans les quatre branches dites culture, ménage, fabrique et commerce, que la philosophie organise en mode morcelé et mensonger.

4° Progrès EN EXPÉRIENCE : Elle nous apprend que le régime civilisé, dans toutes les phases, échoue sur quadruple écueil : 1° exubérance de population débordant la production ; 2° concurrence réductive du salaire, plongeant le peuple dans l'indigence par l'excès d'industrie ; 3° contrariété des deux intérêts collectif et industriel, état hostile de l'individu contre la masse (préface 41) ; 4° duplicité d'action, dissidence d'intérêts chez les diverses classes, entre le gouvernement et le peuple, entre les sexes, entre les âges, entre les classes riche, moyenne et pauvre, etc. ; cherchons un régime de coïncidence qui ne se trouve que dans le mécanisme des séries passionnées.

Voilà une brillante carrière de progrès qu'on peut ouvrir subitement à l'humanité entière, sauvage, barbare et civilisée, par le facile essai d'un noyau sociétaire qui confondra les tartufes de progrès, les missionnaires d'un prétendu dieu de l'avenir qui n'est autre que le dieu de la rétrogradation, affublé de son vieux masque de philantropie démagogique. Jusqu'à quand ses disciples, vrais escobards, esquiveront-ils un essai de leur orviétan, et répondront-ils par des momeries d'amour et de sympathie à la sommation qu'on leur adresse de passer enfin des promesses aux effets, de nous montrer sur un coin de terre, sur une réunion de cultivateurs, l'application de ce régime d'association dont ils se disent les oracles et dont leur doctrine est l'éteignoir et l'antipode.

Art. III. RÉSUMÉ SUR LES ASTUCES DES DEUX SECTES.

Les instructions précédentes, quoique bien abrégées, ont dû prouver que les sectes Owen et S.-Simon n'ont aucune intention de fonder l'ASSOCIATION, ni d'opérer le PROGRÈS : ce ne sont que des hérésiarques fardés de philanthropie, trompant méchamment le siècle en lui promettant les deux bienfaits dont il a besoin. Leur hypocrisie est d'autant plus coupable que s'ils avaient voulu associer, ils le pouvaient; leur opération serait terminée aujourd'hui même, et le genre humain aurait déjà organisé l'unité universelle. Eux-mêmes y auraient gagné une brillante fortune, et un lustre éclatant.

Ils ont préféré le rôle ignoble de charlatans ascétiques dignes du dixième siècle, schismatiques suspects et dangereux, captateurs d'hoiries et de patrimoines, plagiaires dogmatiques n'ayant pas une idée de leur crû, caméléons spéculatifs, changeant dix fois de système, et cosaques scientifiques pillant et travestissant les idées d'autrui. Ils n'ont qu'un principe louable qui n'est pas d'eux, *rétribuer chacun selon ses capacités et ses œuvres*, c'est le vœu que les écrivains honorables ont émis dans tous les temps, depuis l'abolition de l'esclavage; mais il fallait trouver le moyen d'effectuer cette répartition équitable, au travail et au talent de chacun; je l'ai découvert et publié en 1822 : permis à eux de le mettre à exécution, et d'en recueillir le bénéfice; mais le public doit les sommer d'agir; c'est assez de sermons, il faut fonder l'association en réalité et non en perspective; ne pas détourner l'attention du public sur des oripeaux d'hérésiarques; est-il besoin de changer de religion pour s'associer en exercice agricole et décupler le produit? de donner sa fortune aux prêtres d'un nouveau schisme; et comment se trouve-t-il des hommes assez sots pour prêter l'oreille à de telles propositions?

La vraie association tend au contraire à consolider la propriété ; les actionnaires ne se dessaisissent pas d'une obole, ils gèrent eux-mêmes avec hyphothèque sur le tout ; et dans la phalange d'essai l'inventeur n'aurait aucun fonds à sa disposition, il n'interviendrait que pour surveiller la manœuvre des séries, prévenir et corriger les fautes du mécanisme (chap. VII).

La pire des duperies est de se ruiner pour une religion qui peut demain finir comme celle de Lareveillère-Lépeaux, être *oubliée, abandonnée :* si le ministère le veut, s'il crée aux s.-simoniens et à toutes les associations, une concurrence, une doctrine qui donne ce que les autres promettent, la vraie association et le progrès réel. C'est une chance que les s.-simoniens doivent envisager très sérieusement, pour juger s'il ne leur conviendrait pas de se convertir à l'association réelle, agricole et domestique, et de la fonder au lieu de la promettre. Ceux d'entre eux qui n'ont pas les cardinalats, les évêchés et le maniement de la caisse, doivent prendre en considération le danger qui menace leur nouveau culte; je vais l'expliquer.

Les ministres sont fort las des associations de toute espèce; et l'un d'eux (il suffit d'un seul quel qu'il soit), peut, avec très grand bénéfice, fonder l'industrie combinée, sans fournir lui-même les fonds; il trouvera à volonté des actionnaires, par la seule perspective du bénéfice de PIS-ALLER, du sextuplement du capital, bénéfice de CINQ CENTS pour cent.

Je suppose qu'un ministre ou un patron opulent dise : « Je » ne veux pas prendre connaissance de ce calcul de l'attraction » industrielle; je n'ajoute pas foi aux belles théories, » qu'importe? ne reste-t-il pas la chance de produit sextuple, bien démontré au premier article, et basé sur les seuls avantages d'une exploitation combinée dont la régence traiterait avec chaque sociétaire, en lui accordant l'option facultative de telle somme s'il n'est pas satisfait de son dividende sociétaire, ou si l'on ne peut pas concorder sur la répartition des nombreux dividendes (chap. XXXIV)?

Voilà donc une garantie de cinq cents pour cent de bénéfice, assurés au fondateur qui ne croirait pas à la deuxième classe de profits, provenant de l'attraction industrielle; profits qui ne peuvent être contestés qu'en partie et non en totalité, plusieurs étant évidens (1) de même que ceux de la participation échelonnée qui décuple les moyens de jouissance (ici, 18).

(1) Contester sur la possibilité et les bénéfices de l'attraction industrielle, c'est être de mauvaise foi ; car on ne peut pas nier les prodiges qu'opèrent les deux fougues d'attraction citées ici 16. Il reste donc à examiner si le mécanisme des séries de groupes garantit l'éclosion d'une des deux fougues, dans tout travail exempt de répugnance pour les sens et l'âme.

Les ressorts d'attraction indiqués (ici, 8) sont d'une vertu évidente : 1° les COURTES SÉANCES délassent le corps et l'esprit, les longues séances affaissent l'un et l'autre. Occupez un ouvrier seul pendant douze heures à une fonction répugnante, curage d'un égout : il sera accablé d'ennui au bout de trois heures, il maudira son existence pendant les neuf heures suivantes. Mais au lieu d'un ouvrier assemblez-en huit, la séance va se réduire de douze heures à une heure et demie : l'impatience n'aura pas le temps de naître ; la gaieté s'établit aisément dans une troupe largement payée pour une corvée de peu d'instans, suivie d'un très bon repas. L'ordre sociétaire qui a tant de chances de bonne chère, 320, 336, y ajoute, pour diversion aux travaux répugnans, le stimulant d'un repas en degré supérieur. Si ces ouvriers sont abonnés de troisième et dernière classe, le repas qui suivra leur séance répugnante sera de deuxième classe ; toujours les corvées immondes, fastidieuses, sont fixées aux heures voisines d'un des repas.

2° L'EXERCICE PARCELLAIRE est encore un ressort d'attraction incontestable. On entend dire à chacun : « Je ferais volontiers telle portion » de ce travail, mais je ne veux pas faire le tout. » Telle femme dans le ménage soignerait d'inclination les achats ; mais s'il faut vaquer à tout, cuisine, enfans, lingerie, jardin, le dégoût la gagne en un mois. Un homme consent à soigner la cave ou à surveiller le jardin ; mais s'il faut s'occuper des enfans, etc., il perd patience. Il est donc certain que plus l'option d'exercice parcellaire est étendue, plus l'attraction industrielle est stimulée.

3° L'ÉCHELLE GRADUÉE DES GOUTS. Si elle n'était pas graduée à nuances rapprochées, chapitre VII, les groupes d'une série industrielle seraient sans rivalités émulatives, sans discords, apathiques au travail. Mais si l'on n'a pas besoin de discords en civilisation, il en faut beaucoup dans l'ordre sociétaire, où la fraternité morale anéantirait l'émulation et les raffinemens en culture et manufacture.

Qu'on examine les autres ressorts d'attraction, comme ceux employés, 213, pour amorcer les petits enfans à l'industrie ; savoir, le furetage, la singerie, les outils et ateliers en miniature, l'entraînement du faible au fort, et tant d'autres ressorts mentionnés dans la table, 215, pour l'éclosion précoce des vocations et instincts de l'enfant : on verra que tous les ressorts d'attraction industrielle indiqués et employés

Du moment ou le public verrait de pareils profits dans la vraie association, un profit centuple de celui qu'il recherche dans les fonds publics à 5 pour 100, il reconnaîtrait la supercherie des s.-simoniens qui promettent l'association au lieu de la fonder; eux et leur religion seraient conspués, le public reviendrait de son erreur et maudirait cette fausse association qui veut dépouiller chacun de sa fortune, tandis que le vrai régime sociétaire sextuple la fortune de chacun.

On réplique : « Il faut trop de capitaux pour votre essai d'une phalange sociétaire. » Non, il en faudra peu si l'on veut fonder en basse échelle, en mode bâtard qui, à la vérité, ne donnera pas le sextuple, mais seulement le triple (art. 1er), et qui fera sentir la nécessité de fonder en grande échelle. Cet essai en mode bâtard, sur quatre cents personnes et un quart de lieue carrée n'emploiera que 3 millions de capitaux.

Holà, 3 millions ! où trouver cette somme ? Eh ! ne trouvez-vous pas chaque année, non pas TROIS, mais TROIS CENT millions pour les entreprises les plus folles et les plus ruineuses ? Examinons de 3 à 300.

au traité, sont l'expression fidèle du vœu de la nature, l'impulsion visible et générale. Il y a donc mauvaise foi chez ceux qui prétendent que cette étude est difficile ; elle n'a d'obstacle que dans les préjugés dont leur tête est meublée par les doctrines de Sénèque et Diogène.

Ce qui augmente la facilité d'étude, c'est qu'on peut franchir toute description qui ne serait pas comprise de prime-abord. J'ai décrit, 76, une série pivotée et contre-pivotée : c'est une disposition plus émulative que celle de l'échelle nue, c'est un raffinement distributif dont on n'aura pas besoin au début. On peut franchir ce détail : il n'est pas nécessaire de le savoir pour arriver à la solution du problème de répartition, chapitre XXXIV, qui est le nœud gordien de la théorie, et auquel je me propose d'ajouter une feuille contenant une démonstration neuve, une variante de preuve, afin d'en présenter un assortiment où les divers esprits puissent choisir selon leur convenance.

Et comme l'attraction qui aura régné dans les travaux, le charme qu'elle y aura répandu, concourra puissamment au concert en répartition, il importe de se convaincre que les ressorts d'attraction décrits au traité ne sont point illusoires, comme l'insinuent les détracteurs ; et que le jeu combiné de ces ressorts appliqués à des séries de groupes suffira amplement à créer l'une des deux fougues d'où naîtront les prodiges de dextérité et célérité, et par suite le doublement du produit quelconque fourni par le mécanisme des séries.

N'a-t-on pas trouvé l'an passé 3 millions pour organiser la diligence du commerce qui, en moins d'un an, a englouti son capital? Les petits actionnaires qui n'ont pas su se nantir ne retireront pas un dixième de la mise.

N'a-t-on pas trouvé 300 millions pour un très inutile canal de Paris au Havre, canal qui courait le risque de débuter par un chômage de dix ans, si une guerre avec l'Angleterre eût éclaté à l'époque d'achèvement et d'ouverture. Dans ce cas le port du Havre bloqué n'aurait plus travaillé ; le canal, par son inactivité, aurait ruiné sa compagnie, et l'aurait forcée à faillir avant qu'elle n'eût fait aucune recette. On trouve 300 millions pour cette folie qui peut-être en absorberait 500, car les devis d'ingénieur dissimulent toujours la dépense : ne trouverait-on pas 3 millions pour une affaire exempte de tout risque, et dont le pis-aller est un bénéfice de 500 pour 100, à réaliser sur la revente des actions, dès le lendemain de l'épreuve démonstrative, qui emploie six semaines en grande échelle, trois mois en échelle bâtarde ?

Les millions pleuvent pour les affaires douteuses ; on a vu se former la société de 300 millions en industrie commanditaire, où les agences auraient absorbé tout le profit ; la société de 50 millions pour la réunion des trente-sept brasseries de Paris, affaire périlleuse, impopulaire et exposée au saccage en cas de révolte ; la compagnie de 13 millions pour plantation des landes de Bretagne, compagnie qui commençait par s'épuiser, se manger en frais d'agences, avant qu'on fût assuré de pouvoir acheter et *conserver* les landes ; il n'est pas aisé de les conserver en cas de révolution ; les communes ont repris de vive force, près Gabaret, une lande où l'on avait fondé douze fermes.

On trouvera donc aisément 3 millions pour une affaire pacifique, purement agricole, exempte de tout risque ; une réunion de quatre-vingts familles pauvres n'emportera pas ses terres, ses troupeaux, ses ateliers ; les constructions purement rurales y auront une valeur réelle dans tous les cas. On a bien pu réunir un don de 750,000 fr. pour un bagne de mendians qu'a fondé M. Debelleyme, et qui ne peut ni bénéficier aux fondateurs, ni atteindre le but de prévenir l'indigence. Il faut jeter les yeux sur les mêmes souscripteurs ; chacun d'eux préférera l'avance de 4,000 fr. sur bonne hypothèque, au don de 1,000 fr. en pure perte : ici l'actionnaire trouvera le double avantage d'extirper et prévenir à jamais la mendicité par toute la terre, et revendre 12,000 fr. son titre de 4,000, si tôt après l'essai qui, en mode bâtard, donne déjà triple produit.

Une fraction scissionnaire de s.-simoniens pourrait faire à Paris cette belle entreprise, et en obtenir un bénéfice immense, en se ménageant la chance de fonder la première phalange d'essai en grande échelle, essai qu'on fera le lendemain du jour où l'on aura vu l'épreuve d'attraction industrielle et de culture combinée, réussir sur une petite masse de quatre cents individus, sauf certaines lacunes d'attraction que j'aurai prévues et annoncées, ainsi que le correctif à y appliquer par extension d'échelle.

Dans toutes les sectes il est une portion mécontente ; c'est à elle que j'adresse quelques détails sur le triste dénouement qui attend la secte simonienne (ici, 64), et sur le lustre qu'acquerront ceux qui la quitteront à temps pour *agir au lieu de parler,* pour fonder la vraie association, et se rallier à cet effet quelques membres des diverses sociétés, francs-maçons et autres, dont cette fondation réaliserait toutes les vues.

Le plan des s.-simoniens peut se diviser en partie politique et partie dogmatique : analysons-les brièvement.

Partie politique. Leur but, je l'ai dit au préambule, est de s'emparer de MOITIÉ des donations et legs qu'obtenait annuellement le clergé de France, avant juillet 1830. Ces donations s'élevaient de 4 à 5 millions par an ; et aujourd'hui que le clergé paraît avoir perdu de son influence, les s.-simoniens ont d'autant plus de chances pour obtenir chaque année dans la seule France 2 millions et plus en donations de patrimoines ou d'hoiries, qui ne leur coûteront que du pathos oratoire, qu'un GONFLEMENT d'amour et de sympathie *pour les bonnes bourses.*

Aussi lorsqu'on leur parle de faire un essai sur la réforme qu'ils ont promise, l'association industrielle, renvoient-ils bien loin cette opération ; ils sont tout à leur plan de prédication pour ressusciter la main-morte, pour obtenir des donations philantropiques, de patrimoines ou d'hoiries, et envahir au moins deux des 4 millions qu'obtenait le clergé de France.

Leurs moyens sont au nombre de trois ; ils veulent séduire les industriels, les savans et artistes, et les femmes.

1° Les femmes. Ils les amorcent par quelques perspectives d'émancipation et d'avènement à un rôle qu'on ne fait pas entrevoir, qu'on dissimule avec soin. Leurs disciples ne savent pas répondre sur ce rôle futur affecté aux femmes s.-simoniennes ; ils divaguent et balbutient quand on les questionne sur ce point. On voit que la secte a une arrière-pensée sur la fonction nouvelle réservée aux femmes ; il est aisé de pénétrer le secret ; on veut exalter l'imagination des femmes en les élevant au rôle de papesses, cardinales, évêquesses, etc., , rôle à l'appui duquel une jolie femme, *gonflée d'amour et de sympathie*, pourra facilement capter les patrimoines de jeunes héritiers majeurs, et les héritages de barbons tombés en enfance. Quand ce nouveau ressort de moisson sera mis en jeu, la récolte annuelle sera peut-être plus copieuse que n'était celle du clergé français avant juillet ; mais la secte n'est pas encore assez forte, il faut dissimuler, temporiser ; aussi disent-ils : « Attendez que nous ayons prêché dans toute l'Europe. » On voit qu'ils veulent gagner du temps, bien étayer leur intrigue, avant de mettre en jeu le ressort des grands miracles : *les Jeunes prêtresses*.

Tous ces nouveaux régénérateurs, Owen, S.-Simon et autres, inclinent fort à spéculer sur l'émancipation des femmes ; ils ignorent qu'avant de rien changer au système établi en relations d'amour, il faudra bien des années pour créer plusieurs garanties qui n'existent pas, et d'abord l'extirpation complète des maladies syphilitique et psorique, par tout le globe. Or le divin maître S.-Simon et le divin maître Owen donnent-ils quelque moyen d'extirper ces virus, même chez les barbares et sauvages ? Non, il faut un ordre social qui soit adopté par toutes les nations, et qui ait la propriété de quarantaine universelle, unité d'action en mesures de quarantaine dont la durée doit être de vingt ans au moins, pour garantie de disparition complète du virus.

D'autre part les modifications en régime des amours ne seront applicables qu'à une génération polie, élevée tout entière dans le nouvel ordre, et fidèle à certaines lois d'honneur et de délicatesse que les civilisés se font un jeu de violer. On applaudit en France à celui qui trompe femmes et maris : les mœurs des civilisés en amour sont un cloaque de vices et de duplicité : une génération façonnée à de telles habitudes ne pourrait qu'abuser d'une extension de libertés en amour.

Et lorsque l'admission de ces libertés pourra convenir sous les rapports de la fortune et des mœurs, on ne les introduira que *par degrés*, et non pas subitement comme le fait Owen. Chacune des libertés ne sera admise qu'autant qu'elle aura été votée, sur tout le globe, par les pères et les maris ; alors on pourra la croire utile. L'effet de ces libertés sera de concourir puissamment au charme des travaux, à l'accroissement du produit, et au règne des mœurs loyales ; mais en civilisation l'on n'en verrait naître que les trois effets opposés.

On aura au début de l'harmonie sociétaire des amorces bien plus flatteuses pour le sexe, que cette licence promise par Owen et S.-Simon : d'abord la facilité des mariages, favorisés en tout sens par l'industrie attrayante. Un père ne craindra plus que le gendre soit dissipateur, ni que le ménage manque du nécessaire ; les frais d'entretien en ménage combiné et gradué coûtent fort peu de chose ; les enfans à aucun âge ne coûtent rien aux pères (voir 3ᵉ section) ; les enfans et les femmes gagnent, en dividendes industriels, au-delà de leur dépense ; de sorte que le père n'a pas un sou à débourser ni pour femme ni pour enfans ; la femme est dispensée de la corvée périodique de demande d'argent, dispensée des soins du ménage et des marmots (3ᵉ section), si elle n'a pas de goût pour ces fonctions.

Les nouveaux apôtres du progrès foulant aux pieds leur propre doctrine, veulent renverser brusquement les institutions, sans admettre de modification progressive ; S.-Simon veut établir subitement la main-morte, et la théocratie ; Owen supprime d'emblée le mariage et les cultes religieux. En supposant qu'une de ces innovations fût bonne, elle aurait déjà, par sa brusquerie, le vice d'être anti-progressive, germe de trouble et non de progrès, opposée au système de ses prédicans.

Mais aucune des quatre opérations n'est admissible en mécanisme sociétaire ; loin de supprimer les cultes, il faudra leur donner plus de lustre, parce que l'esprit religieux deviendra *passion* et non pas *devoir*, chez des peuples qui verront l'intervention active de Dieu pour le bonheur de l'homme, et qui recueilleront à chaque instant les fruits de sa providence, les richesses et les plaisirs que donne le régime d'attraction industrielle. Quant au mariage, loin de le supprimer, on y attachera deux charmes nouveaux, en le dégageant des fatigues du ménage, de la vie monotone qui affadit le lien, et en y établissant l'échelle de liens, la distinction en degré septenaire; il est certain que le lien est bien plus fort entre les époux qui ont des enfans qu'entre ceux qui n'en ont pas. Voilà donc deux degrés en mariage, il est bien aisé d'y en distinguer une série entière. (Sept degrés d'échelle, plus le pivotal et l'ambigu.)

Chez nous, l'écueil du mariage est l'assujétissement de toutes les femmes aux soins du ménage et des enfans : la nature ne donne le caractère et les goûts de ménagère qu'à un douzième des femmes, parce que l'industrie combinée réduit le travail de ménage au douzième de ce qu'il est parmi nous; et comme les attractions sont distribuées proportionnément aux emplois de l'ordre sociétaire, les onze douzièmes des femmes sont malheureuses en civilisation par le rôle de ménagère auquel toutes sont condamnées, et qui ne peut plaire qu'à une sur douze.

Les s.-simoniens ont donc mal jugé de ce qui peut plaire aux femmes, surtout quand ils les astreignent à subir une inspection sacerdotale de leurs capacités et leurs œuvres; cela ne favoriserait que le petit nombre, que les plus jolies. Les femmes en harmonie n'auront pour juges que le suffrage du public, celui de leurs coopérateurs spéciaux dans chaque branche de travail, et celui des armées industrielles où elles iront déployer leurs talens, leurs moyens de plaire, et trouver même sans fortune, des chances de brillant mariage. Les femmes auront de plus l'option sur tous travaux : l'enseignement, les dignités, les bénéfices, les récompenses unitaires, etc.

La secte n'a pas mieux su flatter les SAVANS ET ARTISTES; belle perspective pour eux que de voir leurs capacités jugées par des prêtres théocrates et maîtres absolus! Le talent ne sera bien jugé et récompensé que par le vote unitaire qui leur produira des sommes immenses, 112, 550. Si une invention utile, *paratonnerre, bateau à vapeur*, est rétribuée à 10 fr. par vote de majorité de cinq cent mille phalanges du globe, l'inventeur reçoit 5 millions comptant; si une comédie obtient 1 fr., c'est 500,000 fr. ; une chansonnette à 1 sou, rend 25,000 fr., et les ventes de l'ouvrage sont encore plus productives, parce que les phalanges souscrivent chacune pour un envoi qui, au moyen terme de dix par phalange, assure un placement de cinq millions d'exemplaires. Ajoutez à cela le titre de Magnat de l'unité, et réception de première classe, en voitures, table, etc., dans tous les lieux où voyage l'artiste Magnat. Voilà pour le monde savant des perspectives autrement brillantes qu'un triste avenir de soumission à des théocrates, à qui l'artiste devrait de viles complaisances pour aider leur machiavélisme, et de basses flatteries sur le gaspillage des hoiries versées entre leurs mains.

Quant aux INDUSTRIELS, ils ne peuvent pas être heureux et riches hors du mécanisme de culture attrayante, à défaut duquel on est obligé systématiquement de les tenir dans la pauvreté et l'ignorance, entre la famine et le gibet (échelle de la Préface 41). Point de bonheur pour eux sans l'équilibre de population, 399, l'équilibre de répartition, 362, le mécanisme de participation, 320, 336, et autres bienfaits d'industrie combinée, dont le régime s.-simonien ne saurait réaliser un seul.

Partie dogmatique. Nos dieux du progrès ont du goût pour les trinités grotesques : observons ces trinités dans les conceptions de Penn, Owen et S.-Simon.

Penn fonda sa doctrine sur trois bizarreries, *refus d'impôt, refus de service militaire,* et *manières tudesques,* le tutoiement, les vêtemens gris, le refus de salut, etc.

Le succès de Penn échauffa l'imagination d'Owen qui voulut aussi devenir chef de secte, et à l'instar de Penn il prit pour bases trois monstruosités spéculatives :

Abolition des cultes et prêtres, pour séduire les philosophes;
Communauté des biens, pour amorcer le peuple;
Suppression du mariage, pour séduire la jeunesse;

Puis selon l'usage il donna à ce ramas de monstruosités le nom d'association philantropique.

S.-Simon venant à leur suite a de même bâti un système sur trois remaniemens d'antiquailles :

1° La théocratie fardée de sympathie et d'amour ;
2° La main-morte ressuscitée et généralisée ;

3° La loi agraire en variation, en mode consécutif.

Cette loi, dans l'antiquité, frappait collectivement et simultanément tous les propriétaires ; S.-Simon les frappe consécutivement, en n'exerçant la capture et le partage des biens qu'au moment du décès des possesseurs, et ne donnant aux enfans que le nécessaire, selon le principe « tous les priviléges de la naissance seront abolis *sans exception*. »

C'est donc une variante de loi agraire, car aucun propriétaire n'échapperait ; tous seraient spoliés tôt ou tard, et moins avantageusement pour le peuple qui, à Rome, obtenait équitablement sa part, deux arpens à chacun ; tandis qu'aujourd'hui, les hoiries tombant pièce à pièce et à époques différentes sous la griffe s.-simonienne, il serait assez difficile d'avoir un compte fidèle des emplois, autrement que par semestre ; les favoris, les compères assureraient que le compte est juste, qu'on a distribué en conscience ; le peuple, moyennant quelques *pourboire*, applaudirait de même, et la classe non favorisée serait obligée de se taire, car sous des théocrates le baillon est serré.

Pour coloris de ce plan d'envahissement, il a fallu quelque rapsodie de controverse philosophique ; et ils ont imaginé d'envisager l'homme *moral*, l'homme *physique* et l'homme *intellectuel*. On avait envisagé tout cela dix mille fois, et toujours en tombant dans la même erreur où tombent les s.-simoniens, celle de ne pas distinguer dans l'espèce humaine deux destinées et deux mécanismes de passions : le juste et faux, selon la table (ici, 34). L'homme faux ou homme civilisé, barbare, patriarcal et sauvage a été défini par M. Cousin, mieux que par eux, lorsqu'il a dit : « C'est un être impropre à l'harmonie, un être qui ne peut être » mené que par la contrainte, un être composé de forces hétéro» gènes qui se combattent. » Voilà bien le moral du civilisé, il est en guerre interne et externe avec lui-même ; guerre interne par lutte de la raison contre les passions qui entraînent au mal et aux excès ; guerre externe par la divergence d'intérêts qui pousse l'individu à tromper la masse, et les diverses classes à se haïr réciproquement. Ainsi l'homme moral civilisé est une mécanique absurde qui serait la honte du créateur, s'il n'avait pourvu aux moyens de substituer à cette double guerre, une double harmonie interne et externe, qu'on obtient en passant des quatre sociétés fausses aux quatre justes. Ce serait la métamorphose de la chenille en papillon, de la comète en planète, changement que n'a pas entrevu M. Cousin; il n'a défini que moitié de l'homme et de la destinée; du reste sa définition est très exacte : quant à celle des s.-simoniens, c'est une subtilité tendant à dorer la pilule, et faire goûter la triple usurpation qu'ils méditent. Continuons sur la stérilité de leur école : son incapacité à envisager l'homme sous diverses faces.

L'homme physique est encore un être en guerre INTERNE ET EXTERNE avec lui-même, sous le rapport industriel : examinons.

Guerre interne. Il est moins robuste dans le luxe que dans la pauvreté, parce qu'il abuse des richesses, fruit de l'industrie ; il use des plaisirs sans pouvoir en équilibrer la jouissance par le contre-poids naturel ou affluence de plaisirs prévenant l'excès : ce contre-poids réservé à l'ordre sociétaire manque à la civilisation ; de là vient que le villageois civilisé qui ne connaît pas les plaisirs et qui ne consomme pas les produits précieux de ses cultures, est plus robuste que le citadin consommateur. Le paysan, privé des plaisirs ne pâtit pas de l'absence d'un contre-poids aux excès ; s'il éprouve quelque lésion sanitaire, c'est plutôt par excès de travail.

Le sauvage est plus robuste encore, plus adroit et plus agile, quoiqu'il ne pratique pas l'industrie agricole ; et pourtant le sauvage consomme les fruits de sa chasse et de sa pêche, tandis que l'ouvrier civilisé qui cultive le froment et la vigne, se nourrit de maïs et boit de l'eau. Ainsi le *sauvage consommateur* est plus robuste que le *civilisé frustré*, et celui-ci est plus robuste que le *civilisé consommateur*. C'est une échelle *anti-agricole* établie à rebours du sens commun. Si l'agriculture est destination de l'homme, il devrait croître en vigueur et en dextérité par exercice de la culture, et consommation des richesses qu'elle produit ; de même que le végétal et l'animal prospèrent en raison des dépenses et des soins affectés à leur entretien. L'industrie, dans l'état actuel, ou distribution morcelée, est donc hostile envers l'homme physique ; elle est en guerre interne avec lui, guerre bien plus choquante dans le travail manufacturier qui détruit la santé de l'ouvrier.

La guerre *externe physique* naît aussi de l'industrie morcelée qui engendre les contagions; peste d'orient, fièvre jaune, choléra-morbus, typhus, épizooties, et autres fruits désastreux du morcellement par familles, de la pauvreté et de l'impéritie de nos cultures. A cette guerre anti-sanitaire se joint la guerre anti-climatérique; nos travaux mal entendus vicient les climatures, déchaussent les montagnes, épuisent les sources, dénaturent les saisons; nous voyons les glaces empiéter dans les vallées des Alpes; l'olivier qui croissait il y a un siècle à Montelimar, bat en retraite derrière la Durance. L'homme physique est donc en guerre avec les convenances de l'humanité, par son industrie.

Les s.-simoniens ne disent mot de ces deux guerres physiques, parce qu'il faudrait en conclure à changer la distribution des cultures, les élever du mode incohérent au mode combiné, à l'action unitaire, en sortant de la civilisation et passant aux périodes 6, 7 et 8 (table, ici, 34); ce n'est pas leur intention; ils veulent exploiter la civilisation et non pas nous en ouvrir l'issue; ils prônent les boutiquiers, le commerce mensonger, c'est sanctionner et consolider le régime civilisé, et les quatre guerres de l'homme physique et moral contre lui-même. Cependant ils veulent détruire la guerre militaire qui est caractère essentiel des quatre sociétés fausses, et qui durera autant que chacune des quatre. S'ils avaient quelques notions régulières sur le mouvement social, ils sauraient qu'on doit tendre à détruire non *une parcelle*, mais *l'ensemble* des guerres dont le système comprend:

La guerre pivotale ou militaire;
Les quatre guerres morale et physique *en interne et externe*;
La guerre radicale ou duplicité d'action.

Vouloir détruire isolément l'une des six guerres, c'est un rêve digne du bon abbé de S.-Pierre; les six guerres cesseront toutes à la fois dès l'an 1833, si on veut, en 1832, organiser une société supérieure à la civilisation. Il est en Europe cent mille individus dont chacun peut, quand il lui plaira, opérer cette métamorphose, et en recueillir l'immensité de bénéfice et de gloire, sans risquer la perte d'une obole.

L'homme intellectuel. Si les s.-simoniens, après l'avoir envisagé, voulaient en dire franchement leur opinion, ils confesseraient que l'intelligence du civilisé est une démence méthodique. Il choisit pour guide la philosophie qui elle-même ne croit pas à ses lumières (voir ici Kant, 46, et les auteurs cités 31) et qui ne veut pratiquer aucun de ses bons préceptes, comme les suivans.

Ne pas croire la nature bornée aux moyens connus. Elle n'est donc pas bornée aux quatre sociétés que nous voyons, ni au mécanisme de contrainte qui les régit même dans l'état sauvage où les femmes sont très esclaves.

Explorer en entier le domaine de la nature. Comment donc les philosophes s'excuseront-ils de laisser dans l'oubli quatre sciences vierges et intactes (ici, 39) ?

Aller du connu à l'inconnu par l'analogie. Il fallait donc aller de l'attraction matérielle expliquée par Newton, à l'étude de l'attraction passionnée.

Simplifier les ressorts en toute mécanique. Il faut donc associer des masses de cultivateurs afin de remplacer quatre cents feux, quatre cents marmites, quatre cents femmes, par quatre grands feux, quatre bassines et cinq ou six femmes; et ainsi de tout l'attirail agricole.

Croire que tout est lié et unitaire dans le système de l'univers. S'il y a unité, le monde social doit donc être comme le monde sidéral, sujet aux deux mécanismes de combinaison et incohérence, de justesse et fausseté.

Tous ces principes fort sages et dont l'observance eût conduit à la découverte du mécanisme sociétaire, sont foulés aux pieds par la philosophie qui les prêche. Elle ne forme notre intelligence qu'à repousser toute vérité évidente ; à nier l'absence de garanties sociales dans l'état civilisé, nier l'égoïsme obligé, les progrès de la fourberie, la vérité impraticable, et tant d'autres caractères absurdes dont je puis donner une liste de trois cents, d'où l'on conclurait que la saine intelligence est chez la classe non éclairée, chez le menu peuple qui donne à la civilisation le nom de MONDE A REBOURS. C'est le vrai nom des quatre sociétés de l'échelle fausse, formant la contre-marche des passions, leur état *chenille*, leur essor subversif.

Il est évident que les s.-simoniens, en se flattant d'envisager l'homme sous toutes les faces, n'ont rien su ou rien voulu dire de neuf; ils out ressassé et badigeonné quelques antiquailles des vieilles écoles; et cependant ils ont obtenu de la vogue; on court chez eux apprendre l'art de donner tout son bien aux prêtres du progrès idéal : quel peut être le véhicule de leurs sectaires?

D'abord les chefs, les initiés cabalistiques ont un mobile puissant, l'espoir de s'approprier moitié des legs et donations annuelles de 4 millions faites en France au culte catholique. Les patrons secrets de la secte, les esprits forts ont l'espoir de réaliser le vœu des encyclopédistes : *écraser l'infâme.* Aussi voit-on que cette secte est poussée, soutenue par des personnages qui gardent l'incognito : ils craignent la congrégation qui pourrait reparaître, et ils se hâtent de mettre à profit son absence, activer la propagande. Leur force n'est pas dans la crédulité, mais dans la duplicité de sectaires à qui la doctrine s.-simonienne offre un masque d'ambition. Ils ont manœuvré adroitement en associant Jésus et Moïse à leur nouveau dieu; c'est une transition plus judicieuse que la rudesse d'Owen qui a voulu renverser toutes les religions à la fois; ceux-ci plus insinuans transigent avec les habitudes; ils donnent à Jésus le baiser de Judas, ils se joignent à lui pour le spolier, mais quand les prosélites seront nombreux, et que les s.-simoniens se croiront en mesure, ils jetteront le masque, Moïse et Jésus seront congédiés, appelés à d'autres fonctions, S.-Simon restera seul au pinacle. C'est le dénouement de tous les triumvirats, à Paris comme à Rome.

En attendant la secte se grossit avec facilité; ses dogmes étant des voiles d'intérêt personnel. Les boutiquiers aiment S.-Simon qui leur promet la gestion des finances, d'où il exclut bien expressément les banquiers de la Chaussée-d'Antin; tout épicier se complait à l'idée d'obtenir, quand la secte aura triomphé, une recette principale, soit Lyon, Rouen, Lille; cela vaudra mieux que sa boutique de savon.

Viennent ensuite les badauds qui se font s.-simoniens pour être quelque chose. Par eux-mêmes ils ne seraient rien, mais ils se croient des personnages quand ils ont dit : Je suis s.-simonien. Le besoin d'illusions est si dominant!

D'autres s'y enrôlent dans des vues d'ambition; si la secte grandit, cela pourra conduire les adeptes à quelque fonction lucrative ; une révolution pourra lui ouvrir des chances.

D'autres s'y jettent par lassitude : l'un d'eux que je badinais en lui disant: Avez-vous déjà versé votre fortune entre les mains des chefs du progrès ? me répondit : — Croyez-vous que je donne dans ces fadaises de doctrines ? — Pourquoi donc prenez-vous parti dans leur secte ? — C'est que tout va si mal dans le monde social, qu'on voudrait voir quelque chose de nouveau. — Eh ! c'est précisément ce qu'ils ne vous donnent pas ; ils n'ont pas une idée neuve.

Ils se disent révélateurs, ayant mission d'un économiste dont ils ont fait l'apothéose ; mais chacun peut être révélateur et missionnaire de Dieu même, *en lumières sociale et scientifiques*. On est révélateur divin, quand on découvre une des lois de Dieu sur le mécanisme de l'univers, sur les vérités physiques et mathématiques. Francklin était révélateur quand il nous fit connaître le paratonnerre; les géomètres, depuis Euclide et Archimède, jusqu'à Kepler, Newton et Leibnitz, ont été révélateurs divins. Je le suis sur le calcul des destinées sociales, des causes et fins en mouvement universel ; d'autres le seront après moi, en étendant les deux sciences d'attraction passionnée, et d'analogie universelle dont j'ai pris l'initiative. Il n'est donc pas besoin de s'accrocher à un radoteur économiste pour prendre place parmi les révélateurs, il suffit de se rallier à Dieu et à l'étude de ses lois. Ainsi la révélation *intellectuelle* est tout opposée à l'idée qu'en donnent les s.-simoniens ; ils essaient de la définir dans une phrase ampoulée qui contient autant de contresens que de lignes, et dont l'analyse critique nous conduirait trop loin.

Sur tous les points, leur doctrine heurte de même la raison et la nature; elle anéantit l'esprit de propriété qui est la voie des bonnes mœurs et de l'émulation industrielle. Notre peuple civilisé n'est malfaisant et dépravé que parce qu'il n'est pas propriétaire. Nous voyons dans une ferme, dans un commerce, le commis redoubler d'activité et de vigilance, quand il obtient sur les bénéfices, une part, un dividende qui le fait passer du rang de salarié à celui de propriétaire. On excitera cette émulation, dans l'ordre sociétaire, en créant trois sortes d'actions : les ouvrières, les foncières et les banquières. Cette échelle, que je ne m'arrête à décrire, aura pour but d'inoculer, dès le premier mois, l'esprit de propriété chez tous les plébéiens; chacun d'eux aura adopté, au bout d'un mois, les mœurs politiques du propriétaire civilisé qui est ennemi des agitations. Ce palladium du bon ordre, cet esprit de propriété, les s.-simoniens et owenistes les détruisent, en ressuscitant les coutumes féodales et monastiques de main-morte universelle et communauté des biens, en supprimant les trois ressorts d'attraction industrielle exposés ici, en note, page 49, et au Traité, page 215.

Quelqu'un qui a parcouru leurs doctrines et qui en a relevé les contradictions m'a communiqué, sur leurs changemens de rôles, un résumé que je transcris.

« Vous avez été 1° industriels exclusifs, ne comptant que » l'ouvrage des mains; 2° industriels hiérarchiques, plaçant les » banquiers en tête, comme souverains moteurs du monde in- » dustriel, selon votre maître; 3° philosophes positifs, encore » selon votre maître; 4° historiens prétendus, divisant les » époques humaines en critiques et organiques, selon V. M.; » 5° Vous avez été tout individualistes, reconnaissant l'antago- » nisme comme peste de l'ordre humain, selon V. M.; 6° vous » avez été religieux chrétiens comme V. M., et vous invectivez » maintenant le dieu incomplet des chrétiens, toujours selon » V. M.; 7° vous vous êtes faits physiologistes, reconnaissant » pour première cause des phénomènes de l'humanité vivante, » la sensibilité, et l'irritation, selon V. M.; 8° enfin après avoir » prêché l'antagonisme selon V. M., vous prêchez maintenant » l'association au nom de V. M. qui n'en dit pas un mot. »

Ajoutons qu'après avoir, en mars, dénoncé les banquiers et transcrit, dans *le Globe,* la diatribe de S.-Simon contre eux, ils se ravisent en avril, et veulent se faire banquiers, créer beaucoup de banques pour le peuple, et s'adjoindre parmi les banquiers, ceux qui auront la foi!!! Ils invoquent les financiers de génie qui sauront comprendre S.-Simon. Les voilà donc rapatriés et flagorneurs avec ces banquiers que S.-Simon exclut de la gestion des finances, parce qu'ils veulent acheter un titre de baron. Quel galimatias de doctrines pour étayer un schisme religieux. Mais le vulgaire n'est pas exigeant en fait de raison et de méthode; une fois l'impulsion donnée, il suit la foule; elle grossit sous la bannière s.-simonienne : quel sera le dénouement ? c'est ce qu'il faut examiner.

On a peine à concevoir l'indifférence du gouvernement et du clergé sur cette affaire. Toute secte religieuse qui fait du progrès est un germe de guerre civile. Ils ne sont pas, dit-on, fort à craindre; mais Luther n'était pas fort à son début, et bientôt sa doctrine ensanglanta l'Allemagne, la France et autres contrées. Le christianisme était si faible à son origine, que dans Jérusalem, le Sanhédrin et les beaux esprits du judaïsme souriaient de pitié au nom de cette petite religion ; ils déclaraient qu'il était impossible qu'elle s'établît, et pourtant elle s'est assise au trône des Césars.

Le s.-simonisme, il faut le redire, a de nombreux appuis : 1° la protection du parti anti-catholique; 2° le caméléonisme des doctrines, c'est un Protée qui revêt toutes les formes; 3° le projet visible d'employer les femmes dans sa politique secrète de captation d'hoiries ; 4° l'amalgame de tous les ressorts, démagogisme, religion, industrie, etc.; 5° la tendance des esprits aux innovations politiques et religieuses; 6° la chance de révolutions fréquentes qui peuvent rallier à eux des partis faibles, et dans certains cas une fraction du gouvernement; 7° la carrière des donations et legs à exploiter, carrière qui rendait 4 millions de revenu à l'église catholique française dont ils se promettent la dépouille.

Le péril est donc plus grand qu'on ne pense, et le clergé surtout peut se dire : *Jam proximus ardet Ucalegon.* Il se laisse miner, et bientôt déborder : *principiis obsta.*

On croit opiner sagement, en disant : « Toute entrave qu'on » oppose à une secte religieuse lui donne des forces. »

Il est vrai, mais ce n'est pas la violence qu'on doit opposer à celle-ci ; il faut la démasquer, la convaincre de fourberie ; faire ce qu'elle promet sans intention d'agir; fonder le régime sociétaire, source de biens pour les grands comme pour le peuple. Or quoi de plus aisé au clergé français que de fonder un noyau sociétaire, en faisant, conjointement avec ses partisans, une souscription actionnaire de 3 millions pour créer la petite phalange de démonstration, en basse échelle à quatre cents personnes. Redisons qu'outre le triplement du prix des actions de basse échelle, il y aura sur l'essai en grande échelle qui suivra, 80 millions à gagner s'il se fait au voisinage de Paris.

Il est donc certain que le clergé attaqué par les s.-simoniens, peut en un instant renverser leur frêle échaffaudage; c'est une bulle de savon qui disparaîtra au moindre choc; et si le clergé faisait mine de vouloir fonder un noyau d'épreuve sociétaire, s'il disait au peuple, Nous allons vous donner les biens que ces charlatans vous promettent, on verrait à l'instant le public désabusé, les prêches simoniens désertés, et leurs prêtres faire amende honorable à mot couvert, essayer de persuader qu'ils ne voulaient point attaquer la religion catholique dont ils disent qu'elle est en dissolution complète. Dès qu'on voudra créer cette réforme industrielle et sociétaire dont les s.-simoniens refusent l'essai, l'opinion leur infligera la peine qu'ils méritent, le nom de tartufes en progrès, et missionnaires de rétrogradation. Tel sera le honteux dénouement de cette secte, le jour où le clergé voudra en finir.

Mais n'est-il pas d'autres classes intéressées à confondre ces prédicans? Tous les gouvernemens ont un besoin urgent de la vraie association, pour doubler les impôts en dégrevant les peuples, et pouvoir éteindre les dettes, suffire aux travaux publics, etc. Tous les propriétaires doivent invoquer le régime sociétaire pour sextupler leur médiocre revenu et se garantir des dommages que leur cause la misère et la dépravation du peuple.

Ce sont principalement les libéraux qui ont besoin de cette planche de salut; je le leur ai dit au préambule : Quand seront-ils las d'encombrer les cachots et les échafauds? Quand reconnaîtront-ils que la voie du progrès n'est pas dans les réformes administratives et religieuses, mais dans la réforme industrielle qui, loin de causer aucune commotion, satisferait toutes les classes? En affectant à la fondation du noyau sociétaire le dixième des fonds qu'ils dépensent en frais d'élection chez les anglais, en frais de conspiration chez les Espagnols, ils établiraient le vrai libéralisme auquel se rallieront souverains et ministres, et qui est l'antipode du monopole de priviléges électoraux qu'on nomme LIBÉRALISME.

Quant aux deux sectes que je signale, on n'a rien à en espérer; il se pourrait qu'une fraction des s.-simoniens reconnût la fausse voie où l'engagent ses chefs, et se ralliât à l'idée de fonder la vraie association. Owen s'y refusera obstinément, c'est un orgueilleux incorrigible : lorsqu'il avait grand nombre d'établissemens en Amérique et en Écosse, je lui fis des propositions fondées sur double chance de lustre pour lui, s'il essayait ma méthode sur une de ses réunions ; en effet :

Si mon procédé échouait, Owen était reconnu supérieur et illustré d'autant par le parallèle.

Si mon procédé réussissait, Owen était reconnu vrai philanthrope, n'hésitant pas à accueillir les lumières d'autrui pour atteindre au but, et faire le bien de l'humanité. En la sauvant par emploi d'une méthode autre que la sienne, il n'en aurait été que plus honoré pour sa modestie.

Mais tous ces philantropes ne sont qu'orgueil et égoïsme, tartufes en progrès, saltimbanques en morale. L'autorité le sait bien en tous pays, et pourtant elle les favorise par un monopole de génie accordé aux corps savans qui ne s'occupent qu'à sauver leurs quatre sciences fausses : ils accueillent tout ce qui est charlatanerie, comme les doctrines Owen et S.-Simon ; ils repoussent toutes les inventions réelles, et sont encore plus obscurans qu'aux siècles de Colomb et de Galilée. On a vu récemment (ici, 33) Papin, Fulton et Lebon éconduits de Paris qui exploite aujourd'hui leurs découvertes. Ces outrages faits à la science par les monopoleurs de génie, devraient faire sentir enfin la nécessité d'une police scientifique, disposée de manière à protéger d'autres inventions que les perruques philogènes et pommades philocômes. On accorde à ces colifichets un pompeux accueil, pour cacher la persécution qu'on exerce contre les inventions utiles, sur lesquelles on refuse d'établir concours et débats publics : ce serait le seul moyen de protéger les inventeurs contre l'obscurantisme des privilégiés philosophiques.

PROPOSITION D'UNE SOCIÉTÉ DE PROGRÈS RÉEL

PAR FONDATION DE LA CULTURE SOCIÉTAIRE.

Après les détails qu'on vient de lire sur la nécessité de la culture sociétaire et attrayante qui doit décupler la richesse *effective* et centupler la *relative*, peut-on douter qu'il n'y ait trahison concertée dans les verbiages de nos sophistes sur l'esprit d'association, le progrès de l'association? L'on fait retentir le mot pour nous abuser sur l'absence de la chose, car où doit-on placer l'association, sinon dans l'industrie primordiale, travail agricole, domestique et manufacturier? Les autres associations sont des jeux d'intrigue politique et non pas des progrès sociaux.

Nous sommes donc leurrés, payés de mots au lieu de choses, comme en 1794, où tout retentissait de liberté, fraternité, et où nous étions dans le plus affreux esclavage.

Cependant toutes les classes, gouvernement, clergé, propriétaires grands et petits, industriels, savans et artistes, ont un intérêt pressant à l'établissement de l'association primordiale ou agricole dont les corps savans écartent l'idée; ceux-ci craignent la chute de cinq cent mille tomes de philosophie dont il ne resterait guères que la branche d'idéologie, sauf à la débrouiller. C'est mal à propos qu'ils s'alarment : je prouverai que leurs systèmes quoique décrédités se vendront en quantité centuple de ce qu'on en vend aujourd'hui, que leurs auteurs auront de nouvelles chances de fortune colossale, et regarderont en pitié leur sort actuel. Je passe à l'indication du correctif.

On voit dans Paris, environ cinquante sociétés savantes, dont chacune ne peut atteindre à son but que par l'association agricole. Démontrons en détail sur cinq :

1° Société *d'abolition de la traite*, ou morale chrétienne. On ne peut abolir la traite, l'esclavage et la féodalité, que par le régime d'industrie sociétaire et attrayante. Chaque propriétaire d'esclaves, empressé de participer au décuple produit de cet ordre offrira à ses esclaves l'affranchissement, sauf rachat payable en annuités. Leur persistance au travail sera garantie par le régime d'attraction.

2° Société *de statistique* établie depuis peu : Comment donnera-t-elle une statistique exacte sur la Chine, le Japon, etc., où l'on ne peut pas pénétrer; sur l'Afrique intérieure où les voyageurs sont égorgés, comme les Mungo-Park, Laigh, Clapperton? Il faut amener tous ces pays à l'état policé par le régime d'attraction industrielle (8° société), qui, une fois établie sur un point du globe, s'introduit aussitôt en tout pays.

3° Société *d'encouragement de l'industrie*. Elle donne

160,000 fr. de prix pour une quarantaine d'inventions demandées; mais l'état sociétaire donnera plus que cette somme pour une seule découverte utile. On la paiera 1 fr. faisant 500,000 fr.

4° Société *de médecine :* Comment nous préservera-t-elle des nouvelles pestes, fièvre jaune, typhus, et surtout du choléra-morbus qui, déjà parvenu sur la Vistule, sera cet été sur l'Elbe et peut-être cet automne sur le Rhin? On ne peut éviter et prévenir ces pestes que par le régime sociétaire qui établira les quarantaines universelles.

5° Société *d'agriculture* : Décidera-t-elle les paysans à l'adoption des bonnes méthodes? ils ne veulent pas même en lire le traité. Mais quand la culture sera exercée par phalanges d'environ dix-huit cents personnes, ayant chacune sa régence, sa bibliothèque, sa correspondance, les améliorations inventées et constatées seront essayées chaque année en tout canton qui en sera susceptible.

Je borne la preuve à cinq; autant serait de chacune des cinquante, excepté celles de fonction politique, telle que la correspondance électorale. Quant aux amis du peuple, aux francs-maçons et aux sociétés de charité; comment ces réunions peuvent-elles procurer l'aisance au peuple sans le régime sociétaire, son décuple produit et ses propriétés d'attraction industrielle, équilibre de population, etc.

Il conviendrait donc que le ministère convoquât une commission de deux membres tirés de chacune des cinquante sociétés pour aviser au moyen de fonder sans délai l'ordre sociétaire sans lequel aucune des cinquante ne peut atteindre son but. La commission, une fois résolue à cette fondation, trouverait à l'instant une souscription de 3, 4 et 5 millions pour fonder soit en échelle bâtarde, soit en basse échelle. M. Debelleyme a bien trouvé 700,000 fr. pour un bagne qui ne rend rien. Ici on aurait la chance de décupler le capital par la fondation en pleine échelle qui suivrait l'épreuve en bas degré.

Mais la commission des sociétés savantes ne répugnerait-elle point à admettre l'essai d'un procédé fourni par un intrus, un profane qui n'est point académicien?

Elle ne l'admettrait point, l'amour-propre s'y refuserait, et il faut éviter de le blesser. Elle spéculerait sur l'une des sciences vierges indiquées (ici, 45), celle des *approximations sociétaires* que je me suis borné à faire entrevoir (417) sans en traiter. C'est donc une carrière intacte ouverte à d'autres comme à moi. La commission tablerait sur cette donnée, en prenant pour règle d'éviter les fautes commises dans les essais déjà faits par Bellers, Owen, Rapp, Coombe, etc. On connaît leurs fausses méthodes, j'en signale quelques-unes avec l'antidote en regard.

Longues séances.	Séances courtes et variées.
Plein exercice en ménage.	Exercice parcellaire.
Réunion minime, une famille.	Réunion maxime.
Solité de travail.	Multiplicité à option.
Attirail pauvre.	Attirail élégant, tentes, etc.
Isolement vicinal.	Cohortes vicinales.
Discipline monastique.	Gaieté des groupes libres.
Confusion des sexes et âges.	Leur emploi opportun.
Mauvaise nourriture.	Service en échelle graduée, 336.

La commission, en suivant cette règle d'opposition aux fautes et méthodes qui ont échoué, n'adopterait la méthode de personne, pas plus de moi que d'autre ; elle viserait aux approximations plausibles, et elle réussirait moyennant la précaution de traiter avec tous ses engagés, *à option d'un fixe*; par exemple elle dirait à tel paysan, tu as 10 sous par jour, 180 fr. par an ; tu auras une option de 300 fr., en fixe, et faculté de préférer la portion sociétaire si elle excède 300 fr. : en outre au lieu de ta chétive nourriture, tu auras pain blanc, bonne viande, légumes à choix, vin naturel, etc., avec avance de tout le nécessaire en habillemens et logement.

A ces conditions l'on verra le peuple adhérer avec transport, et pourtant le comité fondateur ne s'aventurerait pas en largesses, car pour peu que l'essai soit porté à six cents personnes, il recueillera déjà plus du triple de ce que produisent six cents civilisés. On pourra donc d'emblée garantir, à l'ouvrier engagé, un fixe double de son gain actuel.

Ceci répond aux personnes qui répugnent à étudier le mécanisme sociétaire, le calcul des séries passionnées, parce qu'il ne provient pas d'un académicien. Il n'est pas besoin de cette facile étude bornée à six leçons pour associer *grosso modo* ; on peut franchir toute ma théorie sur les équilibres de passions, spéculer seulement sur le mécanisme d'attraction industrielle, et sur les moyens d'exciter cette attraction par les courtes séances, par l'option d'un fixe double, par le luxe et la variété dans les travaux; en opérant de cette manière, l'on pourra dire qu'on n'a pas eu besoin de ma théorie; l'orgueil sera satisfait, mais on verra dans les détails que plus on se rapproche de ma méthode, plus on voit croître les bénéfices et l'attraction.

Il me reste à parler des retards qu'a essuyés et qu'a dû essuyer la découverte d'où dépendait l'avènement de l'humanité au régime sociétaire ; ces retards sont de cinq espèces.

1° *Délai obligé.* Dieu ne devait pas nous initier dès les premiers siècles, à la connaissance d'un ordre fortuné qui exigeait deux mille ans de préparatifs pour créer la grande industrie, les sciences, les arts; cet aperçu du bonheur futur eût désespéré les générations primitives qui, faute de grande industrie, ne pouvaient pas en jouir. L'enfant ne doit pas connaître à huit ans les plaisirs dont il jouira à seize ans.

2° *Délai de circonstance.* Il fut causé par l'esclavage qui détourna les philosophes grecs et romains de toute recherche sur l'association. Elle est impossible, inconcevable avec des esclaves, car elle doit reposer avant tout sur le mécanisme de liberté et d'attraction industrielle.

3° *Délai d'impéritie.* Lorsque chez les modernes, Newton eut découvert le calcul de l'attraction matérielle, et prouvé que l'attraction est moteur de l'univers, il eût fallu continuer cette étude, l'étendre du matériel au passionnel. On aurait découvert la théorie de culture et ménage sociétaire. L'esclavage n'existait plus, et ne s'opposait plus à cette heureuse innovation.

4° *Délai de couardise académique.* Il ne date que du 19° siècle. Notre nouvelle science d'économisme avait reconnu que la division ou combinaison des travaux était la source des bénéfices (voir Smith, chap. Ier). Il fallait donc porter cette combinaison au plus haut degré, par la réunion de nombreux ménages agricoles ; mais les philosophes, pour sauver leurs cinq cent mille tomes qui veulent le morcellement, ont empêché tout concours sur ce problème.

5° *Délai de perfidie.* Le dix-neuvième siècle a paru s'éveiller sur cette affaire; depuis vingt ans on parle beaucoup d'association, mais on a laissé les philosophes s'emparer de la question, et donner le change à l'opinion, au lieu de nous occuper de l'association agricole, domestique et manufacturière : ils ne mettent en jeu que leur chimère favorite d'attaquer les gouvernemens et les religions, et ils ne traitent nullement du problème primordial (ici, 22) qui est de développer les attractions industrielles existantes chez tout le monde. N'avons-nous pas vu Louis XVI passionné serrurier? chacun a plus de vingt attractions industrielles étouffées par le régime civilisé.

Les derniers champions d'association sont les s.-simoniens, et depuis deux ans ils repoussent toute idée d'un essai en pratique, d'une épreuve décisive; ils ne s'occupent que d'attaquer les deux religions catholique et protestante et d'envahir le gouvernement, les finances, les hoiries.

Owen les avait précédés et faisait des essais, mais au lieu de tendre au but, à l'attraction industrielle, il se bornait à dire : *on tâchera de rendre les travaux attrayans :* TACHER n'est pas SAVOIR ; il esquivait donc le premier problème. Quant à celui de la répartition équilibrée, il escobardait par la communauté des biens; puis pour aller à son but d'abolition des cultes, il créait des superstitions nouvelles, des pratiques austères, des visions philosophiques, l'idée *d'être utile à ses voisins,* voisins opulens, le duc d'Hamilton, les riches négocians de Glasgow, gens qui vivent au large, ont bonnes chaussures, bonne cuisine, bonne cave! Qu'ont-ils besoin du secours des pauvres tisserands manquant de chaussure et buvant de l'eau?

C'est par ces jongleries que le nouveau saint Owen voulait *changer les hommes* (selon la Biographie des contemporains). C'est ainsi qu'on abuse notre siècle sur les dispositions dont doit s'occuper une société qui voudra fonder l'association.

J'invite ceux qui ont cette intention à venir au rendez-vous indiqué à la dernière page du préambule, et à considérer qu'il ne s'agit pas dans cette conférence de leur enseigner l'art de donner son bien à de nouveaux prêtres, mais l'art d'augmenter promptement leur fortune, par des moyens honorables et vraiment philantropiques, en ce qu'ils tendront à satisfaire tous les partis, et leur faire oublier leurs inutiles rivalités.

Il existe en Europe au-delà de cent mille candidats dont chacun peut, s'il le veut, fonder l'association et y trouver un immense bénéfice. Doit-on désespérer de gagner un candidat sur cent mille, en ne lui présentant que des chances de fortune colossale, subite et bien hypothéquée? Quand on a vu des Parisiens sacrifier récemment 700,000 fr. pour construire un bagne d'où ils ne retireront pas leur capital, à moins de vendre à des vampires qui tortureront les détenus, comment peut-on douter de la facilité de réunir 3 millions pour entreprise bien hypothéquée et garantissant au moins 10 millions en revente d'actions? Ce sera le sujet d'entretien d'une conférence indiquée (préambule VIII) au lundi, 13 juin, à huit heures du soir, rue Grenelle Saint-Honoré, n° 45, petite salle derrière la rotonde.

On y avisera aux moyens d'impulsion et d'épreuve : qu'on gagne un seul des cent mille candidats, et l'opinion se prononcera pour l'essai, comme elle tourna pour Colomb, du moment où le prélat confesseur d'Isabelle eut déclaré que cette théorie tant raillée lui paraissait fort digne d'attention.

Les lecteurs de la mienne tombent en double erreur, défiance de leurs moyens, et des bénéfices assurés. Ils croient qu'elle n'est pas une voie de fortune pour eux. Je puis prouver 1° que les cent premiers coopérateurs d'impulsion y auront chacun, au moins 100,000 fr. à gagner sans prise d'actions; 2° que sans étudier la théorie, ils pourront se ménager un rôle d'aptitude instinctive, pourvu qu'ils sachent renoncer à l'esprit de servilité, et s'émanciper des préjugés philosophiques.

Notre siècle lâche pied parce qu'il a échoué dans quelques tentatives sociétaires, dirigées par de faux frères qui ne visaient qu'à attaquer les gouvernemens et les religions : C'ÉTAIENT DES AVEUGLES CONDUISANT DES AVEUGLES. Qu'on essaie enfin la route opposée, la réforme industrielle. On perdit des siècles en essais, avant de découvrir la boussole; s'ensuivait-il qu'elle fût introuvable? non, mais on avait mal dirigé les recherches : il en est ainsi de la culture sociétaire sur laquelle on est, dès ce moment, assuré de ne plus échouer : il suffira d'OSER, comme Colomb, prendre la route négligée par trente siècles savans, substituer les *séances courtes et variées* aux longues et rebutantes. C'était la voie d'invention du destin social, découverte manquée comme la boussole et l'Amérique, par son extrême facilité.

FIN.

IMPRIMERIE DE LACHEVARDIERE, RUE DU COLOMBIER,

en courtes séances, et il pourra, sans transporter des familles à deux mille lieues, gagner 80 millions au voisinage de Paris, par un essai de culture sociétaire. Le beau côté de cette affaire est la rapidité d'exécution ; deux mois suffiront.

Ce n'était pas des philosophes qu'on pouvait espérer pareille découverte ; ils vivent des erreurs en crédit, ils sont intéressés à nous abuser sur les inventions désirables, y substituer des charlataneries et crocs-en-jambe, pour nous détourner de recherches exactes. Il n'existe en civilisation ni police préservative contre leurs systèmes, ni police d'accès et d'examen pour les vrais inventeurs : le règne des fausses libertés favorise tous les genres de fraude. Les sophistes promettent depuis trois mille ans de chercher la vérité ; mais si on la trouvait, ils ne pourraient plus nous vendre cinq cent mille tomes de systèmes qui créent le progrès de la fausseté en toutes relations.

Elle va cesser par le mécanisme sociétaire : mais l'amour-propre s'offenserait de donner une étude de six leçons à cette théorie apportée par un homme qui n'a pas de titres académiques. On oublie que ceux qui ont inventé la boussole étaient des gens si obscurs que leur nom ne s'est pas transmis. Les beaux esprits vivant sur les sciences connues se gardent bien d'exploiter les inconnues, celle de l'association agricole et domestique.

Je peux dégager cette théorie de ses formes classiques, l'enseigner en trois leçons par le mode romantique, et en une seule leçon par la méthode instinctive et irrégulière, la MAROTTE, route que j'ai suivie moi-même au début ! On l'enseignera à la séance indiquée fin du préambule et du final ; elle flattera l'amour-propre de l'étudiant ; il croira avoir tout appris sans maître, et il sera dispensé d'adopter aucune doctrine.

Cette méthode conviendra aux actionnaires ; ils répugnent à étudier une théorie, tant brève soit-elle. Ce qui les séduira, c'est le PIS-ALLER de quadruple produit (voir p. 20), et revente des actions à 300, 400, 500 pour 100 de bénéfice.

On entreprend des émigrations aux colonies, des études de dix ans sur le droit ou la médecine pour se créer un petit revenu ; voici le moyen d'atteindre en peu de mois à une grande richesse, à la voie de salut pour les gouvernemens et les peuples, à la garantie de fortune subite pour les riches et les pauvres.

Titre de l'ouvrage auquel renvoie cet écrit:

LE NOUVEAU MONDE
INDUSTRIEL ET SOCIÉTAIRE,

Ou invention du procédé d'industrie naturelle et attrayante, distribuée en courtes séances et en séries de groupes contrastés;

PAR CH. FOURIER.

Un fort vol. in-8° : prix 6 fr.

PARIS, { BOSSANGE père, rue de richelieu, n° 60; l'auteur, rue de richelieu, n° 45 bis.

Des zoïles raillent sur le titre de Nouveau monde industriel :
« Le vrai peut quelquefois n'être pas vraisemblable. »
Mais quelle science n'a pas eu son Nouveau monde? La navigation a eu le sien par la boussole; la géographie, par l'Amérique; l'astronomie, par la lunette; les mathématiques, par l'algèbre; la mécanique, par la vapeur; l'art militaire, par la poudre; la littérature, par l'imprimerie; le transport, par la soupente et l'étrier.

Pourquoi les passions, l'industrie et les sociétés ne seraient-elles pas réservées à s'ouvrir aussi une carrière neuve? Les opposans mêmes en donnent l'augure, car ils proclament tous l'analogie (voir schelling, cité ici, 34).

Or, selon l'analogie, si l'homme entre à quinze ans dans un nouveau monde sensuel et spirituel, le monde social doit de même atteindre à un âge de *puberté politique*, nouveau monde sensuel et spirituel, bonheur des sens par la richesse, bonheur des âmes par la mécanique des passions. Cette théorie se trouve dans une science effleurée et manquée par Newton, le calcul mathématique de l'attraction passionnée et de l'industrie combinée (ici, 34); hors de laquelle nos sociétés torturées par l'indigence, l'oppression, les déchiremens, sont un *monde à rebours* (591), dit fort bien le peuple.

www.ingramcontent.com/pod-product-compliance
Lightning Source LLC
LaVergne TN
LVHW020159100426
835512LV00035BA/1301